作 者 像

作者简介

王一川，北京师范大学文艺学研究中心研究员、文学院教授。曾任北京大学艺术学院教授、院长。入选教育部2005年度长江学者特聘教授。中华美学学会副会长、中国文艺理论学会副会长。主要领域为文艺美学、艺术理论和影视批评。著有《修辞论美学》《艺术公赏力》《跨文化艺术美学》等。

内容简介

《跨文化学的要素》对跨文化学的学科要素作了有着开拓性的系统论述。著者在区分跨文化学与比较文化学的基础上，阐明了跨文化学的学科属性、研究对象和研究方法，进而着重从文化现代性进程角度论述构成跨文化学学科的五要素即文化好尚（文尚）、文化异忧（文忧）、文化间涵（文涵）、文化更生（文生）、文化集美（文集），最后就通向跨文化学所期待的多元自明人和美美异和之境作了阐发，为理解跨文化学这门学科建立起一种整体学术构架。余论部分选择话剧《活动变人形》为个案，就现代中国的杂糅半觉式典型所蕴含的跨文化学内涵作了深入阐发，有助于理解跨文化学学科在当前文艺文本阐释中的运用前景。本书对读者在当代世界面向异文化的体验和反思会带来启迪。

[法] 金丝燕　董晓萍　主编

"跨文化学导论"丛书之三

跨文化学的要素

王一川　著

中国大百科全书出版社

图书在版编目（CIP）数据

跨文化学的要素 / 王一川著. -- 北京 ：中国大百科全书出版社，2022.8

（“跨文化学导论”系列）

ISBN 978-7-5202-1182-6

Ⅰ. ①跨… Ⅱ. ①王… Ⅲ. ①文化交流—研究 Ⅳ. ①G115

中国版本图书馆CIP数据核字(2022)第140220号

出 版 人　刘祚臣
策 划 人　曾　辉
责任编辑　程　园
封面设计　程　然
责任印制　魏　婷
出版发行　中国大百科全书出版社
社　　址　北京阜成门北大街 17 号　　**邮政编码**　100037
电　　话　010-88390969
网　　址　http://www.ecph.com.cn
印　　刷　北京汇瑞嘉合文化发展有限公司
开　　本　787mm×1092mm　1/32
印　　张　11.375
字　　数　175 千字
印　　次　2022 年 10 月第 1 版　2022 年 10 月第 1 次印刷
书　　号　ISBN 978-7-5202-1182-6
定　　价　68.00 元

[法] 金丝燕 董晓萍 主编
“跨文化学导论”系列
“跨文化研究”丛书（102）

教育部人文社会科学重点研究基地重大项目
“跨文化视野下的民俗文化研究”

青海省人民政府 - 北京师范大学高原科学与可持续发展研究院与
北京师范大学跨文化研究院“丝路跨文化研究”重大项目
（项目批准号：19JJD750003）

综合性研究成果

教育部人文社会科学重点研究基地
北京师范大学民俗典籍文字研究中心
青海省人民政府 - 北京师范大学高原科学与可持续发展研究院与
北京师范大学跨文化研究院“ 丝路跨文化研究”重大项目组

资 助 出 版

“跨文化研究”丛书
编辑委员会

序言

跨文化学导论，以多元、多学科、多语种为架构，以“多”组合的“跨”为研究平台，将理论研究与扎实的个案研究相结合，整体形成“跨文化学导论”系列丛书。

参与这一理论架构的每一位学者，都是各自学科的代表。他们在跨文化学的平台上，参加学科建设，写各自“导论”，这符合跨文化研究新学科的要求，此前并无先例。

跨文化学的学科发生地在中国，这是必然的。几十年前，跨文化研究活动已在中国大地兴起，在北京大学和南京大学开拓，在北京师范大学发展，经过坚持不懈的努力，直至今天，已打下一定的基础。

跨文化学的学科建设有三个维度：

一是研究维度。建立跨文化研究的国际化网络，定方向、定点、定期、定人、定主题，铺设跨文化研究的理论框架。

二是教学维度。建立跨文化多点式的国际化教育基地，举办跨文化学研究国际暑期学校、创设高端博士生研修课程，联合培养硕士和博士，加强高级访问学者、青年教师和博、硕研究生的交流。

三是出版维度。已有五条轴线：

※ 中法合作学术期刊《跨文化对话》

（乐黛云、[法]李比雄主编）

※ 中法合作"远近丛书"

（乐黛云、[法]金丝燕、董晓萍主编）

※ 中法合作"跨文化研究平台"丛书

（乐黛云、[法]金丝燕、董晓萍主编）

※ 教育部人文社科重点研究基地"十三五"规划重大项目综合性研究成果

"跨文化研究"丛书

※ 教育部人文社科重点研究基地重大项目综合性研究成果

“跨文化学导论”系列

（金丝燕、董晓萍主编）

方法论是跨文化学的聚焦点，也是一种思想原则，包括“跨文化性”“文化转场”与“跨文化对话”。

专业研究的精微、思想创新的引领，是跨文化学的灵魂。老一代学者已经留下经典。

超越文本的单语化，尽量多语化，至少双语化。

国际性是跨文化学产生影响的方式。

跨文化学的工作目标，既为今天和明天，也为长时段的历史研究提供当时已经书写而非追述的学术文献。

2021 年 1 月 30 日

目　录

导　论

跨文化学学科及其要素

人类不同文化之间的跨文化交流由来已久，相互间的同与异之争也如影随形地相伴至今。在今天这个早已被人们以全球化时代、互联网时代、全媒体时代或人工智能时代等不同词语竞相表述的时代，本文化与异文化之间、众多异文化之间，其共同性似乎正变得越来越多，如影视大众艺术的挖空了意义深度的轻喜剧风格的通行，折叠手机、5G 等日常生活时尚的全球普及潮，一点也不令人奇怪。但与此同时，各种异文化之间的异质性或差异性也正变得越来越鲜明和引人瞩目，同一个民族中的不同网络群体在一瞬间说翻脸就翻脸了，更何况不同民族之间的沟通和交融，其它变得愈发艰难。这一点只要想想不时发生的网络粉丝群的互喷或互撕奇观就够了，当然还可以联想到 2020 年新冠肺炎疫情期间此起彼伏的，各种新媒体或自媒体平台上翻滚起伏的，发生在亲朋、好友、同学、同事、乡亲、同人或“饭圈”等之间的种种纷争。一旦将这些至今也仍难以平息的网络舆论纷争，同有关国际国内正处在“百年未有之大变局”的论断结合起来看，就会发现这个时代确实已经和正在变得越来越异彩纷呈、众口难调或异美难通，也就是人与人之间文化价值观的差异、分歧或争执日趋尖锐、剧烈和难以调和。总之，就连向来被作为共同的美好生活价值加以敬仰和追求的文化，如今都已变得令人惊异地多样化、差异化、异质化甚至异端化了。

正是置身在这样一个差异凸显、对话愈益艰难、异文化浪潮翻滚起伏的异常年代，跨文化学思考不仅不应当停顿或回避，而且更应当开展。此时从事跨文化思考，应当有助于了解民族之间、国家之间、群体之间及个体之间的文化交流状况，以及处理与之相关的诸多问题。

一、跨文化学的产生及其必要性

“跨文化”一词在汉语领域的早期使用，诚然可在20

世纪 80 年代到 90 年代初学术期刊中觅见一些踪影[1]，而跨文化学思想及视角的运用也可上溯到更早的年代，但跨文化学学科在当代中国的有力开拓者无疑应为乐黛云先生。她在 1993 年指出："我们正处于一个世界性的文化转型时期。在这种历史阶段，文化的横向开拓比一般的纵向发展显得更突出。所谓横向开拓，就是一种民族文化向他种民族文化借鉴，主流文化向边缘文化靠拢，一门学科向他种学科寻求渗透等。在这种情况下，曾经处于边缘地位的少数民族文化无疑将对主流文化的更新起很大的刺激作用。"[2] 这里已可见出从比较文学学科及比较文化学科转向跨文化学学科的初步意向，特别是所论不同文化及学科之间的"横向开拓"，想必已然明确地化用了西文中跨文化学之"跨"字（trans-, cross-, inter-）的基本含义。一年后她又指出："目前的世纪转折时期，也是一个以横向开拓为特点的文化转型时期"，此时"比较文学研究的真义就

---

❶ 1983 年第 2 期《外国语文》刊有《介绍一门新兴学科——跨文化的交际》一文；1987 年第 1 期《心理学探新》刊有《学龄前儿童认知发展的跨文化的研究》一文；1991 年上海中西哲学与文化交流研究中心主编学术辑刊《时代与思潮》中有论文《对中国思想的跨文化理解》。

❷ 乐黛云：《多民族文化研究的广阔前景》，《读书》1993 年第 12 期，第 50–52 页。

在于跨学科，跨文化，跨时代（仅指跨文化状态，如中国古典文学与西方现代文学之研究），……在各种边缘的重叠交合之中，在不同文化的人们的视野融合的基础上，寻求新的起点，创造新的未来”。这里特别点出了“跨文化”一词，还强调“这种针对某一问题的跨文化研究”必然要“突破固定的学科界限”，而比较文学就应当具有“跨文化，跨学科，跨时代的根本性质”，以便“为铸造未来的多元共存的世界新文化做出应有的贡献”。[1] 到1999年，在中国比较文学学会第六届年会暨国际学术讨论会综述中，已可见到这样的学术公告：“跨文化比较文学研究已成为比较文学未来发展的基本走向。”[2] 由此可以简要地说，跨文化学作为一门学科或学科领域是在20世纪与21世纪之交的时间里诞生的。

与此同时，其他相关学科的学者也在关注跨文化学问题。从20世纪80年代末起持续关注跨文化问题的费

❶ 乐黛云：《比较文学研究的新视野》，《瞭望》1994年第16期，第28-29页。

❷ 姜源、刘荣：《迈向新世纪：多元化时代的比较文学——中国比较文学学会第六届年会暨国际学术讨论会综述》，《西南民族学院学报（哲学社会科学版）》1999年第6期，第175-180页。

孝通（1910—2005），在1997年也继此前使用英文词语“跨文化传播”（Cross-Cultural Communication）之后，使用了汉语词语“跨文化”：“我进入人类学领地，正是因为受到这种跨文化的人文价值观的激励。”他坦承自己关注本土文化并非为了把视野局限在本土文化界限内，而是“为了在了解自己的前提下，寻求不同人文类型和平共处的途径”，从而他的思考“既体现出一种对本土观念和不同文化价值观念的尊重，又力图展示文化之间互译和沟通的可能性”，因为他总是“强调世界全球化过程中不同民族文化在同一时间里并存的格局对实现‘天下大同’也许是必要的”。他还特别指出：“这确是一种异文化与本文化兼容并包的探索。”[1]这就揭示出他在本文化与异文化之间寻求“兼容并包”的学科意图，尽管他并没有明确提出跨文化学的构想。他在1999年还提及说：“在乐黛云同志编的《跨文化对话》这本书里有文章认为，历史上对待异文化有几种态度。”[2]

---

[1] 费孝通：《人文价值再思考》，《费孝通全集》第16卷，呼和浩特：内蒙古人民出版社，2009年，第55-56页。

[2] 费孝通：《必须端正对异文化的态度》，《费孝通全集》第16卷，呼和浩特：内蒙古人民出版社，2009年，第431页。

跨文化学，是在文化差异、文化异质性、异文化等相关问题已然成为文化现代性进程中不可回避的关键问题时应运而生的。在当前探讨文化、文化学及跨文化学等相关问题，需要面对这样一个事实：当前世界各民族文化不是单数的而是复数的，不是完全共同的而是在共同中有不同，在异质性中有共同性。今天不再是梁启超于 1901 年提出的“三个中国”说中的“中国之中国”时代，也不再是稍后的“亚洲之中国”时代，而是仍旧处在其第三个“中国”的“世界之中国”时代。[1] 在此时代，即便世界各民族文化都无一例外地行进在文化现代性的大道上，向着文化共同性这一共同目标前进，它们也会由于各自的出发点、时间点及具体路径相互不同，对文化共同性的认识和理解有差异，从而在文化共同性追求中不可避免地渗透进自身独特的文化异质性因素。这样，任何一种文化都不得不关注与己不同的异文化，从而也都不得不倚靠异文化这面他者之镜来区别和证明自身。因为，自我不能紧紧倚靠自己去定义自我，而只有通过

---

[1] 参见梁启超《中国史叙论》，据吴松等《饮冰室文集点校》第三集，昆明：云南教育出版社，2001 年，第 1626–1627 页。

他者这面镜子的映照，才能瞥见自我、定义自我。因此，此刻探讨任何一种文化问题，本身就不可避免地要把特定的本文化同与已接触的异文化或文化异质性因素结合起来思考，渗透进有关本文化与异文化的关联性视角，从而本身就或多或少地带有跨文化学的性质了。

如此，跨文化学学科的产生，其实是出于一种迫不得已：在此之前，存在着一种达成广泛共识的文化主张，相信人类世界各民族文化虽然各有其独特的民族特性，但总会予以逐步克制或消除，而朝向现代性或现代化这个共同目标。不妨把这种主张称为文化共同性或文化同一性。文化共同性主张当然不会轻易否定不同文化之间存在异质性，但是更坚定地相信，在通向文化现代性的洪流中，各种不同的民族文化之间可以将这些异质性加以克服或消除，从而实现共同性。相比而言，文化异质性只是其次的或次要的，文化共同性才是真理，是第一位的。由这种文化共同性信念支撑起来的学问，可以称为比较文化学。比较文化学——无论是作为一门独立学科还是作为一个多学科交融的跨学科领域——就是当多种不同的民族文化在朝向共同的文化现代性目标推进时所设立的知识论范式。这种知识论范式帮助人们树立一个共同信念，即各民族文化之间诚然有不同，但终究都可以在一个共同的文化现代性目标下团结、凝聚为一个新的联合体。比较文化学学科是旨在研究全球文化现代性的文化学的一部分，它主要处理不同民族朝向文化现代性目标时如何克服民族异质性或多样性的问题。它致力于通过不同民族间文化比较研究而寻找到克服民族一致性而通向共同的文化现代性目标的道路。

平心而论，这种文化共同性主张及比较文化学思考，在其兴起之时也是有其特定缘由的，从而也是有其必要性和重要性的，即有助于打破东西方文化之间、不同民族文化之间不可沟通的壁垒，把新兴的文化现代性视为不可阻挡的世界主流，引领世界上一切民族文化都排除一切干扰和阻碍而走向文化现代性。例如，当衰落中的中国古典帝制在西方列强的猛烈冲击下更加腐朽不堪、急剧崩裂之时，急需拯救的中国将变法自强的目标聚焦于文化现代性上，设定并相信这个共同目标能够带领中国走过激流险滩而转危为安。可以说，遥想当年，正是文化现代性这个统一的目标引领中国毅然毁掉古典帝制而建立起现代民族国家，进而在军阀混战、外敌入侵、内忧外患等阻碍之中逐步地推进自身的文化现代性进程。

从这个意义上讲，建立在文化共同性信念基础上的比较文化学思想，对于各民族文化挣脱旧的知识性的束缚，在现代性目标下整合起来，是建立过历史性功绩的。这一点必须承认和不容否定。

不过，在中国文化现代性进程业已持续百余年、并且仍将持续下去的今天，回头检视这个进程本身的风风雨雨，不能不看到如下事实：与文化共同性相对立的文化异质性愈发清晰地显露出来，并且日益暴露其此前被忽略或无视、至今已令人无法回避的作用力。假如说世间发生的每一件事物，都既有其作用或正作用，又有其副作用的话，那么，当其把最初的令人向往的作用逐渐地和完全地释放开来后，剩余的就必然有副作用了。要想每一件事物都只呈现作用而不呈现副作用，那无疑只是自欺欺人的主观幻想。过去百年来，正是文化共同性目标吸引着中国人冲破来自外部和内部的重重阻碍，不可阻挡地奔向同一个文化现代性目标。百年后，当这种文化现代性进程进展到这样一种地步，以致走在同一条文化现代性道路上的不同民族文化之间竟然呈现出那样繁多而又那样难以归一的异质性或差异性之时，重新调整原有的关于文化共同性及比较文化学范式的作用力的认识，转而正视文化异质性的副作用力，就是必然的了。

跨文化学，就是在文化现代性进程日益显露其忽视异文化或文化异质性的副作用力时问世的。它作为文化学的一部分，是针对比较文化学而产生的一种纠偏式探询，致力于探究此前被文化共同性设定所压抑的异文化或文化异质性如何在文化现代性进程中一直存在并发挥其特定的作用。

二、跨文化学的学科属性、研究对象和研究方法

在进入跨文化学的学科属性、研究对象和研究方法等基本问题的理论框架分析之前，有必要就这种分析本身做必要的说明或自我辩护。

这是因为，在这样做的时候，已然知道今天可能仍然处在一个解构或自反的时代，任何一种诸如学科理论框架分析之类的建构性之举，都有可能受到质疑或消解，甚至被指斥为本质主义或形而上学的残余，至少被视为过时或不合时宜之举。不过，正像解构或消解本身就是一种人为的自我批判方式一样，不妨从一开始就自觉地

让这次跨文化学的理论建构行为纳入一种人为的而非自然的、想象的而非推理的精神构造之列，也即首先列为可以自如地加以解构或消解的对象，便于虚心接受这种解构或消解的话语监督。事实上，这里之所以选择跨文化学的理论框架本身加以考察分析，并非出于纯粹的学科体系建构的偏爱，而只不过是考虑到，跨文化学这门学科本身在当前筚路蓝缕时段确实需要加强自身的学科自觉和自明，以便跨文化学倡议者自己在一开始就能够首先明白自己在说什么和做什么，也就是自己实际做的是什么，以及想要告诉读者的是什么。所以，这里有关跨文化学的学科理论框架的论述，都可以说是一次解构后的自我建构之举。

这样，这里的论述应理解为一次解构后自我建构意义上的理论探险。明知早已存在可能的来自解构主义者的消解或质疑，但也要展开这种理论框架建构，其目的不过是要进行一次自知没有终点及终极看护而又必须进行的自明性理论梳理。这种自明性理论梳理，与那种确定性理论建构不同，不是要寻找唯一或终极的答案，而只是要让理论旅行者自己反思性地明白自己选定的这次理论旅行的大体意图，便于在未来旅行中不断调适。当然，假如有其他可能的好奇者前来加入，也予以欢迎。总之，这样的理论建构主要是为了理论自明和随后的理论调适。

所以，这里探讨跨文化学的学科要素，其基本要求在于把这门学科自身的含义、属性、研究对象和研究方法等基本问题大体探访和梳理明白，至少可以为自己或其他可能的好奇者问询跨文化学的学科门径时，提供出一张粗略的、可修改的学科框架或学科话语地图。这张学科框架或学科话语地图当然不是唯一的和永恒的，而是可以选择的和临时性的，只为便于向自己或其他跨文化学旅行者问路时提供一份参考而已。他可以采纳，也可以不采纳，更可能的是他还可以在此方面做自己的修改，按照自己的意愿去再度筹划、想象和设定。而等到他自己循着自己修改的这张地图，终于找到其应当走的合适路径或发现自己要寻找的风景时，这张地图就完成自己的任务而可以忽略不计了。重要的不是这个理论框架的确定及其确定性，而是这次理论旅行的探险性行走的意义，及其持续的似乎没有终点的探险行为本身。理论探险总是需要事先设定一个可调整的话语地图的，以便行走有大致方向或目标，至少要避免自身陷于沼泽或困于危崖，但也不会仅仅拘泥于此，而是要靠探险者自己的主动探险和不断反思行动，以及这种探险和反思历程中获取的新的思想收获。真正动人而又重要的，想必是理论旅行者或探险者在坚持不懈的旅行后获取的自己期待已久的新发现。

探讨跨文化学的理论框架问题，涉及的方面很多，需要持久的、多方面的和深入的研究。但在这些诸多问题中，跨文化学作为一门学科或学问，其学科属性、研究对象如何，应当包含哪些研究方法，都是需要考虑的。这里不揣冒昧地提出初步意见。

探讨跨文化学学科的理论框架问题，首先需要将这门学科同此前已有的跨文化类学科做必要的区别。目前西方世界流行一门被称为“跨文化传播”（也可译为“跨文化传播学”）或“跨文化交际”（也可译为“跨文化交际学”）的学科。美国人类学家爱德华·霍尔（Edward T. Hall，1914—2009）在20世纪50年代至70年代期间以一系列以跨文化研究为鲜明特点的著述，后来被视为这门学科的源头之一。他首先提出一个基本的学科主张：culture as communication，这可译为“文化作为传播”，也可译为“文化作为交流”，还可译为“文化作为沟通”

等。总之，这个观点就是说，文化就是人与人、文化与文化之间的传播或交流过程，从而实际上就等于人本身。“最难以论断和说清的文化特性就是，文化不仅强制人，而且如果稍加引申就可以说，文化就是人。文化是联系人与人的纽带，是人与人互动的媒介。人类生活之所以意义隽永、丰富多彩，乃是因为复杂的文化系统中存在亿万种可能的组合。”[1] 正是在人与人的联系中、在人通过传播媒介而实现的社会交往中，人本身被构成、被创造出来。他随后进而关注现代人类所身处其中的社会环境对跨文化交流的必然要求：“今天，人越来越多地处在这样的环境中：在解读他人下一步要做什么时，自己的文化再也不是可靠的依据。人经常处在与陌生人打交道的情景中，因此他必须迈出下一步，着手超越自己的文化。这是不能靠坐在椅子里完成的。”[2] 处在与其他文化交往的社会环境中，人们不得不“超越”自身文化的界限而认识其他文化。这时，跨文化不仅是人生中的一种必需，

---

[1] [美]爱德华·霍尔：《无声的语言》，何道宽译，北京：北京大学出版社，2010年，第143页。

[2] [美]爱德华·霍尔：《超越文化》，何道宽译，北京：北京大学出版社，2010年，第41–42页。

而且会成为提升人类心灵或精神品质的有效途径："创造性地运用跨文化的人际关系，能揭示心灵中一些非常深层的、高度个性化的、敏感的区域。"❶

对跨文化交际或跨文化传播学科的另一位开拓者迈克尔·H. 普罗瑟（Michael H. Prosser）而言，跨文化交流或跨文化传播的最基本依据都在于"文化异同的原理"，也即文化之间总是既有相似性也有差异性的，从而才需要相互交流或相互传播。他提出需把"跨文化交流"与"跨文化传播"区别开来："跨文化交流（Intercultural Communication）依托的是文化异同的原理"，从而"可以被界定为不同文化群体的成员在个人层次上的人际交流"；有所不同的是，"跨文化传播（Crosscultural Communication）可以被界定为不同文化群体的代言人的集体交流，抑或是不同文化群体总体上的交流"。无论是在"跨文化交流"还是在"跨文化传播"过程中，"文化异同的原理"都是基本的支撑依据。"这条文化异同的原理，加上控制、冲突、技术、文化稳定和文化变迁等议

---

❶ [美]爱德华·霍尔：《超越文化》，何道宽译，北京：北京大学出版社，2010年，第43页。

题，以及文化帝国主义和依附性等议题，全都扮演着重要的角色，影响着传播与文化的关系。”[1]

无论从哪个角度去论述，作为学科的“跨文化传播”或“跨文化交际”一般有下列几种不同的英文构词方案：一是 Crosscultural Communication，二是 Intercultural Communication，三是 Communication Between Cultures。[2] 这样，这门学科主要研究的是不同文化之间的交流方式或传播方式。

不过，有意思的是，这门学科在进入中国后，却因为学科差异而分流成两门不同的学科：一门是外国语言文学研究领域的“跨文化交际”学科，即是主要研究对外文化交流问题的学科，是外国语言文学学科分支之一；另一门是新闻传播学领域的“跨文化传播”学科，即是主要研究对外文化传播问题的学科，是新闻传播学

---

[1] [美] 迈克尔 · H. 普罗瑟：《文化对话——跨文化传播导论》，何道宽译，北京：北京大学出版社，2013 年，第 15 页。

[2] 参见 [美] 拉里 · A. 萨默瓦、理查德 · E. 波特主编：《文化模式与传播方式：跨文化交流文集》，麻争旗等译，北京：北京广播学院出版社，2003 年；[美] 拉里 · A. 萨默瓦、理查德 · E. 波特、埃德温 · R. 麦克丹尼尔：《跨文化传播（第 6 版）》，闵惠泉等译，北京：中国人民大学出版社，2013；[美] 朱迪丝 · N. 马丁、托马斯 · K. 那卡雅玛：《跨文化传播（第 5 版）》，陈一鸣、刘巍巍译，北京：清华大学出版社，2019 年。

学科分支之一。[1]

与这两门学科的重心分别落脚在与外国文化的交流过程和对外国文化的传播方式上不同，这里的跨文化学学科要综合地研究本文化与异文化之间的种种关系，同时还要研究本文化中的异文化问题。“只有同情地理解多种文化，才有可能在这个正在形成的多元文化的世界里确立自己的位置，并在此语境下反观自己，找到民族文化的自我，知道在这一新的语境中，中华文化存在的意义。”[2] 凡是人类社会生活中的跨文化过程，特别是与异文化或文化异质性有关的一切方面，跨文化学都要加以研究，而不会限于“跨文化交际”学科和“跨文化传播”学科对外文化交流过程和对外文化传播过程所做的分别研究。这样，“跨文化研究作为一门新的学科……所关注的不是传统意义上文化与人类学是否可以并置的问题，也不是民族国家是否应该解体的问题，而是文学领域、人文科学领域中的跨文化性，包括文化相遇与接受中的夸张度，身份以及异变性问

---

❶ 参见何道宽：《中译本第二版序言》，见［美］爱德华·霍尔：《超越文化》，何道宽译，北京：北京大学出版社，2010 年，第 4–5 页。

❷ 乐黛云：《跨文化方法论初探》，北京：中国大百科全书出版社，2016 年，第 66 页。

题”[1]。这就应从“跨文化性”出发处理跟文化有关的所有问题。这样的研究目标，终究还在于提升自己的“文化理性”：“跨文化方法论的核心理念是不仅要提升自己文化的理性，也要提升尊重别人文化的理性。……多样性的文化理性应该被尊重。”[2]本文化的理性和异文化的理性都应被尊重。总之，跨文化学学科要总体地、跨学科地处理本文化与异文化之间的关系问题，以便建构和提升本文化应有的跨文化理性。

再看跨文化学的西文构词方案。跨文化学在西文中本来是可以有若干种不同的构词方案的，每种构词方案都因为“跨”字的不同而呈现自身的合理性。这里至少可以见出三种跨文化学构词方案：第一种是 Crosscultural Studies，第二种是 Intercultural Studies，第三种是 Transcultural Studies。这三个前缀词 cross-，inter-，trans- 都是指一件事物跨越边界而同另一件事物接触，也就是与另一事物相交叉或交接的意思。比较起来，cross- 偏重于指一件事物实体跨越

[1] [法]金丝燕：《文化转场：中国与他者》，北京：中国大百科全书出版社，2016 年，第 13 页。

[2] 董晓萍：《跨文化民间文艺学》，北京：中国大百科全书出版社，2016 年，第 5 页。

到另一事物实体中，inter- 偏重于两件事物之间从外在到内在都形成相互关联，trans- 则不仅有两件事物相互跨越的含义，而且进一步有跨越后的外在和内在都发生变化、转化之意。因此，这里采纳 trans-，让其同 cultural studies 组合成跨文化学（Transcultural Studies），主要是取其所包含的“跨”字的内在深度转化而非简单的外在改变之意，也就是指文化上的相互跨越会导致本文化出现外在与内在的总体转化、变化。[1] 确实，世界伟大故事或传说中的转化或转变情节都多用 trans-。而这种意义上的“跨”的义项，应当接近于中国传说中的娥皇女英泪化斑竹、庄周梦蝶、鲲化为鹏、孙悟空七十二变、梁祝化蝶、牛郎织女化星、望帝化鹃等带有再生型变迁意味的化生故事。这样理解的“跨”字，就大体接近于汉语中的“变”和“化”，特别是“化”字了。化，其甲骨文字形如下：

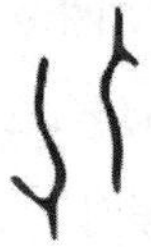

[1] 在“跨文化学”一词的外文选择上，这里采纳北京师范大学跨文化研究院院长董晓萍教授和副院长金丝燕教授在跨文化学学科规划中共同酌定的中外文对译方案，不过，对跨文化学的具体理解和阐释则由本人负责。

其形状像一正一倒之人形[1]，好像通过这种反向或颠倒运动的循环，可以实现人的再生或更生。查有关词典，化字的头两个基本义如下：一是变化、改变，如《庄子·逍遥游》："北冥有鱼，其名为鲲。鲲之大，不知其几千里也；化而为鸟，其名为鹏。"二是生长、化育，如《礼记·乐记》："乐者，天地之和也……和，故百物皆化。"[2]可见，化在汉语语言及汉语文化传统中并非是指简单的化解掉或衰亡，而可以指向一个生命的死与生之间循环而化生、化育或更生的辩证过程，也就是指向旧的生命的自我转化、化生、再生或更生。这样，需要以汉语中化字所包含的变化、化育等义项，以及与之相关的其他义项，去综合地理解跨文化学中"跨"字所包含的多重含义。因此，选用 Transcultural Studies 一词去对译跨文化学，可以将跨文化学学科中应有的通过接触异文化而使自己再生之意传达出来。

如此地理解的跨文化学，是要通过文化之间的相互跨越、转化，发现其平等对话、相互共生及实现更生的

---

[1] 徐中舒主编：《甲骨文字典》，成都：四川辞书出版社，1989 年，第 912 页。

[2] 参见《古代汉语词典》编写组编：《古代汉语词典》，北京：商务印书馆，2003 年，第 618 页。

可能性。简要地说，跨文化学是关于文化现代性进程中异文化及文化异质性的作用的思考，也就是研究文化现代性进程中本文化与异文化、本文化内部主流文化与边缘文化等多种不同文化之间的接触过程及其相互共生和更生的规律的学问。这里的本文化（My culture，Our culture）与异文化（Other Culture，Alienculture，Foreign culture）是相对而言的，是指一种主体文化面对其他不同文化时的对应状况。简言之，跨文化学是研究本文化与异文化的接触过程及其相互共生和更生的规律的学科。

由此可以理解跨文化学的学科属性：它不是一门传统意义上的固定学科，不会拘泥于这种单一学科界限，而是依赖于多学科协作的跨学科领域。所以，跨文化学是以人文学科为主干的多学科交融领域，它研究本文化在与异文化接触中寻求更生的规律。

相应地，跨文化学的研究对象，初步说来，就应当是跨文化过程本身。具体地说，跨文化学的研究对象是文化现代性进程中本文化与异文化之间的接触过程及其相互共生和更生的规律。单从逻辑上看，这个研究对象涉及下列方面：第一，文化现代性进程及其特点；第二，本文化与异文化之间的接触过程及其关系演变；第三，本文化内部主流文化与边缘文化之间的接触过程及其关系演变；第四，本文化美与异文化美之间的关系演变，等等。

这也表明，跨文化学学科需要研究的主要问题，应当是跨文化交流中本文化与异文化之间的冲突与调和过程，简言之，就是本文化与异文化的关系问题。因为，跨文化学之跨字，本身就意味着本文化跨越自身限制而接触异文化，使得如何处理异文化、让异文化在本文化的可控可用范畴内产生作用成为需要协调的基本方面。在文化现代性进程中，任何一种本文化都可能会身不由己地被迫接触异文化，与之打交道，甚至朝夕相处而无法独存。此时，本文化无论是否愿意，同异文化打交道都是其必行之道，舍此而别无他途。假如仍旧只专注于自身而完全忽略不请自来的异文化，势必会在其强行接触下发生严重事故，要么自乱阵脚、溃不成军，甚至一触即溃，要么因断然拒斥而丧失来自对方的镜子般照鉴的启迪及可能的化生性作用的惠助。在这方面，鸦片战争前后清朝的闭关锁国政策早已留下惨痛教训。这样，如何认识和处理异文化，使其在经过合理的间涵后有益于本文化的发展，就成为跨文化学学科的关键环节。

为了多方面地和全面地认识和处理异文化问题及其对本文化的作用，跨文化学的研究方法就不应只是单一学科的，而应是多学科或跨学科的。这样，跨文化学的研究方法应当在于，以人文科学、社会科学和自然科学等的跨学科汇通方式去研究本文化与异文化的关系，特别是异文化对本文化的作用。跨文化学不是要单独认识和处理异文化问题，而是始终从异文化对本文化的作用角度去认识和处理，其目的终究在于建设与异文化难以分离的本文化，并探求其更生之道。

三、跨文化学的学科要素

跨文化学作为一门学科，涉及方面很多，也很复杂。比较起来，寻找跨文化学学科的基本要素，并将它们组织为一个大体合理的学科框架，应该是一种简便易行的学科探索路径。

探讨跨文化学的学科要素，主要依据应当在于如上对跨文化学的研究对象的理解。不妨设想，跨文化学的研究对象本身是由跨文化过程的基本问题组成的相互关联、协作、冲突和调节以及循环运动的过程，其中有大约五个方面是必不可少的（当然不限于此），每个方面可分别统称为一个学科要素。这样，可以得到跨文化学的如下五个学科要素（如图所示）：

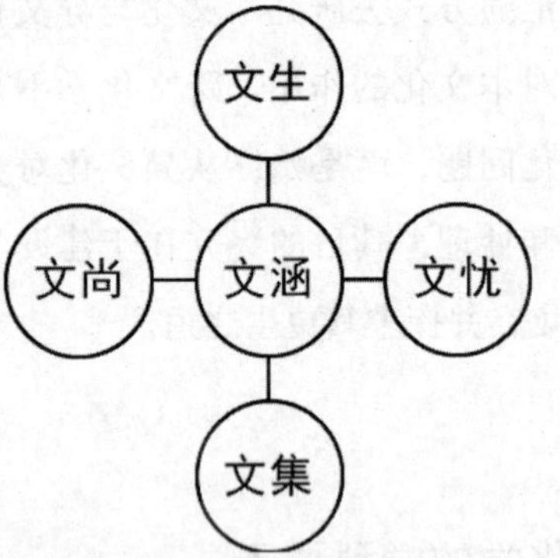

这五要素各有不同的内涵：

一是文尚，即文化同尚，是指跨文化过程中的文化共同性好尚预设；

二是文忧，即文化异忧，是指跨文化过程中的文化异质性忧患情结；

三是文涵，即文化间涵，是指跨文化过程中的文化间性与文化涵濡过程；

四是文生，即文化更生，是指跨文化过程中的本文化再生环节；

五是文集，即文化集美，是指跨文化过程中的多重文化美的集束格局。

设想在这个五要素框架中，各要素之间既是相互独立的，有各自的不同任务和功能，同时又是相互联系和渗透的，形成相互联动和相互共生关系。在其中，文尚与文忧之间可以视为对话性关系，文生与文集之间也有着相互对应性关系，当然，文尚与文生及文集之间，文忧与文生及文集之间，也都存在相互联系或渗透。而文涵则处在这四要素之间的纵横交错关系网络的中心位置，实际上起到居间的中介作用。也就是说，正是文化间涵过程，可以将文化好尚与文化异忧之间、文化更生与文化集美之间的联系贯通起来，在这个跨文化学理论框架中扮演中介角色。

下面就对跨文化学的学科五要素作简要论述。

第一章

文　尚

文尚，是文化同尚的简称，是指人类有着对文化共同性的好尚，这属于跨文化学的起点要素。其实，说到底，文化本身就内在地具有一种共同性好尚，表明特定的人类民族共同体成员有着共同一致的物质与精神好尚。好尚，是爱好和尊崇的意思。一种民族文化或本文化的建立，意味着这个共同体的成员都拥有共同的物质与精神爱好和崇尚，尽管他们之间难免也存在这样或那样的差异。跨文化学并不简单地反对或批判文化共同性信念及作为其理论根据的比较文化学，而是恰恰要以反思它们的起点为自身的起点。这种以文化共同性及比较文化学的起点为自身起点的思考，并不是简单地对它们加以赞同，而是要返回到它们所赖以生成的原初基础上去，从其源头处重新探寻它们所赖以生成和发挥作用力的初始状况。

因此，文尚即文化同尚表明，跨文化学需要以反思文化共同性好尚为自身的起点。以文尚为起点，意味着跨文化学从一开始就走上了反思文化共同性的道路，也就是返回到文化现代性进程中的文化共同性好尚及其源头上去反思，由同见异，也即由文化共同性再回到文化异质性或异文化上。

一、现代中国的文化共同性求索

在文化现代性进程中，作为异文化的后发现代性国度往往会出于种种原因而将文化共同性好尚视为自身的未来发展目标。早在一百多年前的1911年，王国维就曾提出如下明确主张："学无新旧、无中西、无有用无用之说"。[1]在他看来，眼下根本不存在学术上的"新旧""中西""有用无用"之分，而只存在一种真正的学术——

[1] 王国维：《〈国学丛刊〉序》，姚淦铭、王燕编《王国维文集》第4卷，北京：中国文史出版社，1997年，第366页。

"世界学术"。这正是中国学术向着共同的"世界学术"目标而实现认同的良机。"故一学既兴，他学自从之，此由学问之事，本无中西。"[1] 他主张中国抛弃"中学"与"西学"之分而断然追求共同的"世界学术"。这种主张的背后显然存在着一种预先的文化共同性设定：中国学术必须面向"世界学术"而实现文化共同性。直到今天，这种文化共同性在很大程度上仍然是不少知识分子、思想者的一种普遍性共识。难怪在 21 世纪初年，仍可读到这样的观点：凡是通向现代化的国家之间，应当存在一种"共同的"而非"不可逾越的"目标：

> 一个多世纪以前，中国文化思想界曾经爆发过一场中学与西学之争的大论战，那实质上是一场保守与进步之争、守旧与维新之争。本来，所谓"学"("学术"或"科学")是只有正确与错误之分、真与伪之分，而无所谓中与西之分的。学术者，天下之公器也，并无所谓中西。……所谓中学西学之分，不外是

[1] 王国维：《〈国学丛刊〉序》，姚淦铭、王燕编《王国维文集》，第 4 卷，北京：中国文史出版社，1997 年，第 367 页。

> 历史发展的不同，但其间并没有一条不可逾越的鸿沟。所有的民族大体上都要走全人类共同的发展道路。毕竟真理是放之四海而皆准的，其间并无中西之分或者华夷之辨。在学术上谈不到什么以夷变夏或以夏变夷，而应该是通常所说的“坚持真理，修正错误”“取其精华，弃其糟粕”。这里并不存在任何先天注定了的本质之不同，像是吉卜林（R. Kipling）口出狂言所说的什么“东方是东方，西方是西方，它们永远也不能会合”。[1]

这里主张在学术上放弃“中西之分或者华夷之辨”，共同尊崇“放之四海而皆准”的“真理”。重要的不在于维护文化之间的差异，而是追求两者间的共同“真理”。几年后何兆武又进一步指出，任何一国的现代化道路应当是同一的，“这是一条普世的、共同的道路”。尽管其间可能有不同的选择，但“正确的道路只有这一条”。虽然可能有的走直道，有的走弯道，有的顺利，有的艰难，

[1] 何兆武：《“中学”与“西学”——从李陵说起》，《博览群书》2001年第1期，第15页，据《历史理性批判论集》，北京：清华大学出版社，2001年，第824页。

实际道路有差异，但“总的方向共同的道路是不可避免的”。他由此总结说：

> 中学西学的对立是不存在的，每个民族都有自己的特色，但这是第二位的，第一位的是普世的。就我们现在来说，现代化是第一位的，民族特性是第二位的。所以我不同意中学西学的对立，不同意复古、要把孔老夫子当年的衣服都穿起来，当然你要是演戏可以，但我们不必强迫大家都穿，毕竟普世的价值是第一位的。[1]

在改革开放进程仍在持续的今天，这样的主张的确有着相当程度的合理性和代表性，它几乎已经被视为改革开放进程本身的一种当然的逻辑依据了。尤其是对于亲历“文革”这场“浩劫”的这一代知识分子来说，把文化共同性目标视为唯一的“真理”去追求，就更具有理所当然或不证自明的意义。

---

[1] 何兆武：《中学、西学与近代化》，《社会科学战线》2009 年第 4 期，第 18 页，据《思想的苇草：历史与人生的叩问》，北京：北京师范大学出版社，2013 年，第 185 页。

但是，在跨文化学看来，这种完全彻底的文化同尚无疑具有主体幻象性质，因为它不得不以忽视或无视文化异质性为巨大代价。因此，为了认识文化和文化同尚的由来，需要适当回溯原初状况。

二、文化及其共同性幻象

文化一词，无论在中国还是在西方，本身就代表人类对某种东西的共同好尚。人类初始具有接近动物的属性、受制于自身的自然本能，从而是低级的、弱小的。但人之为人的一个重要特质就在于，他永不满足于此，而是倾心向往更高远的、跨越性的共同目标，产生出跨越自身动物属性和自然本能的更高远的共同好尚，这就是文及文化。

从而一提起文，且不说它如何化，本身就代表有关人的言行的一种共同好尚或共同规范："言之无文，行而不远。"（《左传 · 襄公二十五年》）文在此被视为一个人（"君子"）的文章、说话能流传久远的法宝，可见其对人来说具有共同好尚的重要性。文化，在马修 · 阿诺德

（Matthew Arnold，1822—1888）看来，是“通过阅读、观察、思考等手段，得到当前世界上所能了解的最优秀的知识和思想，是我们能做到尽最大的可能接近事物之坚实的可知的规律，从而使我们的行动有根基，不至于那么混乱，使我们能达到比现在更全面的完美境界。”[1]文化在这里简直就成了人类的“最优秀的知识和思想”及“更全面的完美境界”的标志了，足见其对人类共同体成员的共同好尚的高级规范作用。

不妨来约略看看文化及与之相关的文在汉语世界所具有的共同好尚作用。文的甲骨文和金文分别如下：

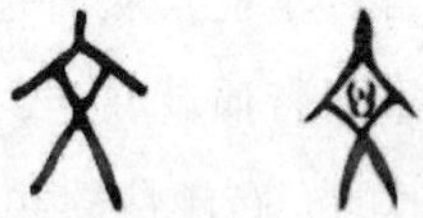

甲骨文字形“象正立之人形，胸部有刻画之纹饰”；金文从心、文声，位于其核心的心形图案似有直指心灵之意。[2]或许可以理解成，文与心之意有关，似乎可以代

❶ ［英］阿诺德：《文化与无政府状态：政治与社会批评》，韩敏中译，北京：三联书店 2002 年版，第 147 页。

❷ 徐中舒主编：《甲骨文字典》，成都：四川辞书出版社，1989 年，第 996 页。

表心之形象，进而由此确立起文为心之形象、心乃文之内核的基本意思。据汇集，文的含义多达26条，这里只摘引其中若干条。（1）彩色交错的图形。《易·系辞下》：“物相杂，故曰文。”韩康伯注：“刚柔交错，玄黄错杂。”《礼记·乐记》：“五色成文而不乱。”这里的文，是在总体上指称天地万象的可感可知的形貌、情状。（2）纹理、花纹。《左传·隐公元年》：“仲子生而有文在其手。”北魏郦道元《水经注·河水二》：“县有龙泉，出允街谷，泉眼之中，水文成交龙。”这里的文，是指具体的事物或人身上的花纹图案。（3）字，文字。《左传·昭公元年》：“于文皿虫为蛊。”杜预注：“文，字也。”这里的文就直接地是指字了。（4）刺画文字或花纹。唐元稹《永福寺石壁法华经记》：“予观僧之徒所以经于石，文于碑，盖欲相与为不朽计。”这里的文是指刻写或描绘出来的字。这一条同上一条一道，体现出人类在其原始时代创造文字以表情达意，应该是一件了不起的文化成就。（5）文章。《汉书·贾谊传》：“以能诵诗书属文，称于郡中。”唐杜甫《春日忆李白》诗：“何时一尊酒，重与细论文。”此处的文，专指人类写出来的由文字组成的文章。（6）撰写文章。唐元稹《永福寺石壁法华经记》：“其一碑，僧之徒思得名声人文其事以自广。”这里的文，是指人作文即创作文章的行为本身，从被撰写成的外在而客观的作品转而指向人的写作行为本身。（7）文辞、词句。《国语 · 楚语上》：“若是而不从，动而不悛，则文咏物以行之。”韦昭注：“文，文辞也……谓文辞风托事物以动行也。”这里的文，是指一篇文章中的具体词语、语句等。（8）文才、才华。汉刘向《列女传 · 齐孤逐女》：“谈国之政，亦甚有文。”也指有文才、有才华。唐刘长卿《哭魏兼遂》诗：“艰危贫且共，少小秀而文。”唐韩愈《河南少尹李公墓志铭》：“公之子男四人……皆好学而文。”（9）有文彩、华丽，与质或野相对。《论语 · 颜渊》：“君子质而已矣，何以文为？”[1]这后面两项都是指主体的文的创造力、才干本身，也就是指人的创造文的能力、素养、才华等属于主体的东西。

从上述文的多重含义之逐步呈现状况，可以大体推想文或文化在其含义演变过程中的丰富性和复杂性，其中包含如下至少四个序列（不限于此）：

---

[1] 汉语大词典编辑委员会、汉语大词典编纂处编纂：《汉语大词典》中卷，上海：汉语大词典出版社，1997年，第4022页。

（1）首先是人类所观察到的外部客体自然之纹理、纹路、理路，也就是外部宇宙的特征和规律；

（2）其次才逐渐地内化为人类主体创造出来的符号表意系统，即是一种客观化了的人类主体创造物；

（3）再次是专指人类创作的文章、文字记载等符号系统；

（4）最后是指人类据以创造符号系统的主体文才。

以上四项中，如果说第一项是指外部宇宙之文，即天文、地文，第二、三项是指人类根据天文、地文而创造出来但又被客观化之人文作品，那么，最后一项就是使客观世界之天文、地文与主体创造出的人文相互沟通和连接的中介环节，即人类主体的文才，也即人类主体的文化创造力。

钱穆（1895—1990）认为，中国的“文”从一开始就有显著的人类主体精神性而非客观物质性。西方人开始使用 Civilization 一词，始于法国大革命后，是新兴词语，其所指“基本上偏重在社会的物质建设上”，而中国的“文化”一词有完全不同的起源，是始于先秦的“人文化成”，其“义旨广泛，断非可限于物质建设上”[1]，他据此认为：“今再谓西方并无中国之所谓‘人文’，亦无中国之所谓‘人文化成观’。西方人既不知有所谓‘文’，亦不知有所谓‘化’，故可谓西方人乃无中国人之人文观。”[2]

至于化，如前所述，其基本意思在于事物性质或形态发生转化，如变化、化育、分化、僵化、教化、熔化、融化、潜移默化，化干戈为玉帛等。这里有两重含义值得重视：一重含义是变化、改变，即通过转化而实现再生；另一重含义是不知不觉地浸润即化育。

文与化合成文化，在汉语里首先就是指文治教化，这恰恰是人类跨越自身原初的动物属性、自然本能而上升到真正的人类共同体的鲜明标志。汉刘向《说苑 · 指武》：“凡武之兴，为不服也，文化不改，然后加诛。”晋束晳《补亡诗 · 由仪》：“文化内辑，武功外悠。”前蜀杜光庭《贺鹤鸣化枯树再生表》：“修文化而服遐荒，耀武

[1] 钱穆：《素书楼余沈 · 晚学拾零》，《钱宾四先生全集》第 53 卷，台北：联经出版事业股份有限公司，1998 年，第 645 页。

[2] 钱穆：《素书楼余沈 · 晚学拾零》，《钱宾四先生全集》第 53 卷，台北：联经出版事业股份有限公司，1998 年，第 633 页。

威而平九有。”元耶律楚材《太阳十六题》诗之七：“垂衣端拱愧佳兵，文化优游致太平。”[1]这几处的“文化”都是指向人类的高于动物的高雅或典雅的精神状态。

再来看好尚两字。好，在这里是指喜爱，与恶相对：好奇、好色、好尚（爱好和崇尚）。如说好高骛远、好逸恶劳。尚的基本义中有如下几层：（1）上，即方位的上，如“密云不雨，尚往也”（《易·小畜》），“舜尚见帝”（《孟子·万章下》），赵岐注：“尚，上也。”（2）尊崇、重视。“君子尚消息盈虚，天行也”（《易·剥》）。孔颖达疏：“君子通达物理，贵尚消息盈虚。”宋俞文豹《吹剑四录》：“三代而后，言学者与汉、唐，汉尚传注，唐尚词章。”（3）仰慕。汉张衡《思玄赋》：“尚前良之遗风兮，恫后辰而无及。”晋陶潜《与子俨等疏》：“虽不能尔，至心尚之。”（4）爱好、盛行。《国语·晋语八》：“其为人也，刚而尚宠”。韦昭注：“尚，好也。”三国魏嵇康《幽愤诗》：“抗心希古，任其所尚”。清黄宗羲《柳敬亭传》：“且五方土音，乡俗好尚，习见习闻。”《聊斋志

[1] 汉语大词典编辑委员会、汉语大词典编纂处编纂：《汉语大词典》中卷，上海：汉语大词典出版社，1997年，第4023页。

异·促织》:“宣德间,宫中尚促织之戏。”[1] 显然,好和尚及其组合成的好尚一词都带有喜好、尊崇或崇尚等意思,指向人类共同体成员的共同好尚。

如此看,说文化本身是人类共同体的一种共同好尚,意味着文化表明人类拥有跨越原初低级动物属性和自然本能而喜好和追求更高远目标的品格或气质。假如没有这种强烈的共同好尚,人类不会从低级的原始社会而一直进化到当今的高级或更高级状态。由于创造了文化这个共同好尚的同一性、吸引力或规范力,人类共同体成员才得以让自身从低等动物属性、自然本能中不断地升腾起来,成长为更高级的存在。所以说,文化本身在逻辑上就内含一种共同性好尚。孔子主张“质胜文则野,文胜质则史。文质彬彬,然后君子”(《论语·雍也》),这本身就意味着要给所有想成为“君子”的人设定一个共同的文化指标——“文质彬彬”。

有关文化的起源及来源的观点林林总总,这里暂且放弃对英语世界有关“文化”的词源学追踪了,因其过

---

[1] 汉语大词典编辑委员会、汉语大词典编纂处编纂:《汉语大词典》上卷,上海:汉语大词典出版社,1997 年,第 1441 页。

于错综复杂，可参阅雷蒙·威廉斯的《漫长的革命》《关键词：文化与社会的词汇》等著述中的有关梳理和辨析。这里谨根据诸多前贤的论述，做一次综合性的简要理解：文化，发生于人类超越自身的动物属性或自然本能而尝试理解人生意义的社会实践之中。当人类运用自己创造的符号表意系统去表达人生意义时，文化就产生了，而这种人工符号表意系统则种类繁多、千姿百态。在这个意义上，文化的本质或实质（如果有的话）就在于确证人类超越自然本能而向往更高的共同性目标的品格、素养和能力，体现人类对人生价值的多方面的和共同性的符号化探求。盘古开天地、仓颉造字、亚当夏娃偷吃禁果、俄狄浦斯揭破斯芬克斯之谜等传说，都分别记录下人类祖先超越自身原初有限性而向往更高的文化共同性的艰难旅程（尽管这些记录并不完全一样）。如此说来，文化本身就具有一种共同性目标设定，即象征人类以自己创造的符号表意系统而向着更高的目标不停地攀升的曲折旅程。由此可以说，哪里有文化，哪里就有人类共同性幻象和共同性好尚。

三、文尚的两个层面

如果说，这种文化共同性幻象或好尚还是基本的和初始的，那么，随着现代性进程的兴起，当人类逐渐具有超出自身原有的地缘行政限制而向其他陌生的领地或国土扩张的力量时，这种原初的文化共同性好尚就需要更新、扩容和升级：通过建立比较文化学，树立起不同文化之间都可以实现人类共同性的新信念。这样，文化共同性好尚就可以有两种不同层面的情形（仅仅在相对意义上）：

第一个层面为原生文化同尚或先发文化同尚。这是指生长于同一地缘环境中的原生文化体内部的多种异质因素向着共同目标而聚合，从而形成共同的喜好和崇尚，这可称为原生文化共同性好尚层面，简称原生文化同尚。从早期华夏文化内部各个分支之间的分离状态到其统一的过程，以及后来从“天下主义”到“五族共和”，再到如今的“五十六个民族是一家”的多民族组成的“中华民族”共同体，这里就有着原生文化同尚的形成过程。松、梅、兰、竹、菊、荷、石等在中国画中稳定的象征意象地位的获得，与中华民族的漫长的文化形成与认同过程是相伴相偕的。钱穆指出："中国画家称梅、兰、竹、菊为'四君子'，所谓'君子'，其中自寓有人格修养之意义存在。"也就是说，这被称为"四君子"的四种花其实寄寓了中国传统中有关真正的人的文化同尚标准。简要地说，体现为"君子"之"四有"品格："有胸襟、有气度、有风韵、有格调。"[1] 这四种植物实际上成为中国文化中有关"君子"的象征性意象了。

而在文化现代性过程中，这种原生文化同尚当其面向异文化体或被异文化体加以跨文化扩张时，往往又产生出第二层面。此时就出现一种分裂：这种施加扩张于他者身上的施动者，其原生文化同尚就转变成为先发文化同尚；而作为受动者的异文化就会转变成为后发文化同尚，这与所谓先发现代性与后发现代性之间的区分是大体一致的。

第二个层面为后发文化同尚。这是指文化现代性进程中多种后发现代性文化体向着先发文化体所树立的共同目标而予以认同的层面，可称为后发异文化体的文化

---

[1] 钱穆：《中国文化丛谈 · 中国文化体系中之艺术》，《钱宾四先生全集》第44卷，台北：联经出版事业股份有限公司，1998年，第148页。

共同性好尚层面，简称后发文化同尚。

前一层面是指原生文化内部的共同性，是基础和核心，而后一层面则是它的扩展版、更新状况，或拉康意义上的“自动重复”结构，是指本文化与异文化之间要寻求一种共同性，使得两者都试图建立在让人类共同趋向高尚的信念这一目标上。特别是在文化现代性进程中，先发国度的文化共同性仿佛已然具有一种强大的外在化力量，这种力量在内部积蓄着，产生出一种势如破竹地向外扩张的强大外冲力，不扩张不足以生存，更不足以安定，就像资本一旦完成原始积累总要不可遏止地全力向外赚取无尽利润一样，这个过程是无法停下来的，是不以某个人的意志为转移的强劲的客观过程（当然其间充溢着强大的文化主体力量）。这也就是为什么欧洲的文化现代性一旦完成，就立即向世界上其他大陆（例如亚洲）强势地扩张或输出，而不管这些大陆的原生文化体本身是否愿意接受这种外来的强制性扩张。

当先发的欧洲现代性文化面向其他异文化体扩张时，文化就不再只是本共同体成员们所共同喜好和崇尚的单纯的文化本身了，其就同时具有了一种或许意料之外但又确实无法回避的“野蛮”性质，尤其当这种本文化选择了以侵略、欺凌或强暴的方式去蹂躏誓死抵抗的异文化时。对此，不妨重温特雷·伊格尔顿（Terry Eagleton，1943—）曾引用过的瓦尔特·本雅明（Walter Benjamin，1892—1940）的名言："没有任何一份文化文献同时不是一份关于野蛮（barbarism）的记录。"[1]文化，本来一向被视为高雅、雅正或尊贵的事物，但在特定的情况下也有可能转化成为相反或反面的事物。例如，当一种被主体视为文化或文明的言行，在向外部异文化群体扩张的过程中，呈现出异文化所无法承受的异己性、强制性和压迫性时，这种所谓的文化难道不正是一种赤裸裸的野蛮吗？此刻，对本文化来说的文化，对异文化来说就转变成为一种无文化、非文化或反文化的野蛮了。

由此可见，文化及其内含的文化共同性好尚，其实具有一种相对性或非绝对性，有时甚至还会转化成为相反的反文化意义上的野蛮，故不可加以绝对化。

[1] [英]特雷·伊格尔顿：《二十世纪西方文学理论》，伍晓明译，北京：北京大学出版社，2007年，第209页。

四、文尚的定律

不过，也正是在这种非绝对的和相对的意义上，文化同尚体现了一些基本定律、规律或原理（假如定律、规律或原理是可以在相对或非绝对意义上理解的话）。对此，中国文化内部早就达成了共识。这里不妨做简要的列举。

第一，尚同律。在内部分布空间上，文化同尚意味着一个共同体内部成员都共同向往或遵循同一个价值标准，与不同的或差异的相对，对周围具有向心力或规范力，其实质是求同。同的甲骨文字形如下：

从口，会合的意思。[1] 以口发声而发布口令，协调和汇聚众人的力量。这种源自原始时代众人共同劳作的共同感，直接演变成为中国文化实现其共同价值观的基础

[1] 徐中舒主编：《甲骨文字典》，成都：四川辞书出版社，1989 年，第 848–849 页。

和核心。同，有这样几层语义：一是聚集，会合；二是相同，一样；三是共，共同；四是统一，齐一；五是共同参与，等。[1]“年年岁岁花相似，岁岁年年人不同。”（唐刘希夷《代悲白头翁》）每一年花开花落总相同，但看花之人却不同。“身无彩凤双飞翼，心有灵犀一点通。”（唐李商隐《无题》）人身虽然不能高高飞翔，但只要心灵相通就够了。“青山依旧在，几度夕阳红。”（明杨慎《临江仙·滚滚长江东逝水》）宇宙及人生万物诚然变幻莫测，确有诸多差异，但从青山不改、太阳常起常落的描写来看，它们却又是可以相通而又循环不已的，这就是异中有同。

第二，尚上律。在方位层级上，文化同尚是指文化是引人向上（高）的，与引人向下（低）相对，也就是引人好尚的，具有高远性，其实质是更高和更优。中国社会形成了这样的流传久远的文化风尚：“故不登高山，不知天之高也；不临深溪，不知地之厚也；不闻先王之遗言，不知学问之大也。”（战国荀子《劝学》）“欲穷千

---

[1] 参见《古代汉语词典》编写组编：《古代汉语词典》，北京：商务印书馆，2003 年，第 1561–1562 页。

里目，更上一层楼。”（唐王之涣《登鹳雀楼》）“会当凌绝顶，一览众山小。”（唐杜甫《望岳》）“不畏浮云遮望眼，只缘身在最高层。”（宋王安石《登飞来峰》）这几处分别描写的“高”“深”“大”“上”“绝”等方位层级意象，形象生动地揭示了文化同尚的令人好尚的力量。

第三，尚正律。在内部空间平衡上，文化是正的，也可以说是庄正、雅正、正统或守正的，与偏或偏斜相对，具有守正、庄正、雅正或中和的力量。孔子有关“席不正，不坐”（《论语·乡党》）、“君子坦荡荡，小人长戚戚”（《论语·述而》）等主张，为“君子”规定了一种“正”的言行规范。孟子有关“王问臣，臣不敢不以正对”（《孟子·万章下》）的行为规则自我约束，也是把“正”置于优先地位。“天之大静，既静而又宁，可以为天下正。”（《吕氏春秋·君守》）这是把“正”的规范加以宇宙化、自然化或客观化了。司马迁在《史记·李将军列传第四十九》有“其身正，不令而行；其身不正，虽令不从”[1]的论断，表达出“身正”本身的示范化、

[1] 〔汉〕司马迁：《史记·李将军列传第四十九》，《史记》九，北京：中华书局，1982年，第1828页。

规范化力量。成语中有“瓜田李下”之说：“君子防未然，不处嫌疑间；瓜田不纳履，李下不正冠”(《乐府诗集·相和歌辞七·君子行》)，这等于是在强调，人只有行得“正”，才能避免不必要的嫌疑或误解。“正”也与“直”意思相近。“凡作人贵直，而作诗文贵曲。”[1]这也充分表达了做人要“正”（直）的传统规范。

第四，尚传律。在时间上，文化是与人分享的和繁衍的，与独享的和一次性的相对，具有面向后代繁衍不息、代代相传的传承力。《左传·襄公二十四年》表达了中国文人的“三不朽”传统：“太上有立德，其次有立功，其次有立言，虽久不废，此之谓不朽。”唐人孔颖达阐发如下：“立德谓创制垂法，博施济众”；“立功谓拯厄除难，功济于时”；“立言谓言得其要，理足可传”。按孔颖达的归纳，因“立言”而传于后世、达于“不朽”者有“老、庄、荀、孟、管、晏、杨、墨、孙、吴之徒，制作子书，屈原、宋玉、贾逵、扬雄、马迁、班固以后，撰集史传及制作文章，使后世学习，皆是立言者也”[2]。

---

❶〔清〕袁枚：《随园诗话·卷四》上，顾学颉校点，北京：人民文学出版社，1982年，第111页。

❷〔唐〕孔颖达：《春秋左传正义》，据阮元校刻《十三经注疏》，下册，北

自古以来中国文人或文化人形成了这样的传统：为人一生，必须自觉地做文化的传至“不朽”的传承者，哪怕为此而忍辱负重，乃至牺牲性命。立志承担“究天人之际，通古今之变，成一家之言”的司马迁，就是这样的自觉的文化使命传承者。他“所以隐忍苟活，幽于粪土之中而不辞者，恨私心有所不尽，鄙陋没世，而文采不表于后也”。正是凭借“立言”而“不朽”的远大志向和坚韧毅力，他才能“就极刑而无愠色”，“诚以著此书，藏之名山，传之其人，通邑大都，则仆偿前辱之责，虽万被戮，岂有悔哉”？[1]这样的文化传承认识和决心，历来大有人在。“青，取之于蓝，而青于蓝；冰，水为之，而寒于水。”（战国荀子《劝学》）荀子虽然承认“青”和“冰”各自的独有力量，但仍然肯定它们分别来自“蓝”和“水”的传承。杜甫的“圣贤古法则，付与后世传”（唐杜甫《杜鹃》）认定，“圣贤”制定的“古法则”必须交由“后世”去“传”。文天祥有关“人生自古谁无死，留取丹心照汗青”（宋文天祥《过零丁洋》）的誓言，正

京：中华书局，1980 年，第 1979 页。

❶ 〔汉〕司马迁：《报任少卿书》，据班固《汉书 · 司马迁传第三十二》，第 9 册，北京：中华书局，1962 年，第 2735–2738 页。

是要让自己的死具有载入史册（汗青）、传之不朽的永恒价值。从“问渠那得清如许？为有源头活水来”（南宋朱熹《观书有感二首 · 其一》），可以感受到朱熹对传承往昔传统的高度重视。“新竹高于旧竹枝，全凭老干为扶持。明年再有新生者，十丈龙孙绕凤池”（清郑燮《新竹》）传达出与如上荀子《劝学》所说相近的意思：“新竹”“新生者”的力量全部得益于（“全凭”）“老干”的倾力“扶持”。

如果说中国文人、艺术家把文化共同性好尚及其传承视为自己一生需要自觉履行的“三不朽”使命的话，那么，西方也有思想家大力推崇文化传承至“不朽”的使命担当，只不过其具体理由和方式有所不同。与司马迁等中国文人相信“三不朽”依赖于个人的高度自觉意识和严格的自我行为规范去实现不同，在约翰 · 哥特弗雷德 · 赫尔德（Johann Gottfried Herder，1744—1803）的想象中，“人的不朽”是由一种被他称作“效用之链”的历史链条客观地串联起来的。这种“效用之链”是一种仿佛“不可见的、隐藏的介质”，能够运用共同的思想、情感、动机、法律、建制、印象和形式等多种方式，将个人与祖先、他人和后辈之间联结起来，从而在这种联结的链条之中使个人的生命达于“不朽”。[1]而个人对这种“效用之链”的服从或适应，则是由人们本性中的文化共同性好尚本身所内在地驱动的：

> 我们本性中越是纯粹和高贵的要素，就越是向他者开放自身，超越自身的狭隘局限，向外展露，变得无限、永恒。……凡是能给他们自由呼吸的空间、为他们带来快乐的，凡是能让他们享受自由、为他们带来鲜花自由绽放的极乐世界的，才是不朽的纯粹媒介。举例说吧，真诚、明晰的思想，还有各种科学上的发现，令人潜心忘我、只专注于研究对象之理——就是我这里所指的。……这样的和弦无论在哪里响起，一切纯洁的心灵都会感应而和之。我们从这优美旋律中得到极大的快乐，直至不知不觉中，它们成了我们自己灵魂之弦。[2]

---

[1] 〔德〕约翰·哥特弗雷德·赫尔德：《论人的不朽》，《反纯粹理性——论宗教、语言和历史文选》，张晓梅译，北京：商务印书馆，2010年，第29–30页。

[2] 〔德〕约翰·哥特弗雷德·赫尔德：《论人的不朽》，《反纯粹理性——论宗教、语言和历史文选》，张晓梅译，北京：商务印书馆，2010年，第31–32页。

可以看到，司马迁等致力于在“立言不朽”的未来想象驱动下忍辱负重地履行“立言”使命，而赫尔德则愿意相信，文化共同性好尚本身会自动地向所有人开放和传递其“自由”和“快乐”机制，而所有人也会以自身的“纯洁的心灵”自动地前来“感应而和之”，并享受“极大的快乐”。这就是说，“效用之链”恰如文化代际传承的一种客观化的自由与快乐机制，使得上一代的传授和下一代的承续过程都成为自由和快乐的享受。

第五，尚溢律。在外部空间上，文化凭借其“同”“上”“正”等精神品质，必然具有外溢的或辐射的作用，也就是具有向外示范、输出或拓展的扩张力。中国古代就有“桃李不言，下自成蹊”的佳话。前引司马迁有关“其身正，不令而行；其身不正，虽令不从”的尚正性论断，正是用来赞美汉代李广将军的“正”的人格本身的尚溢作用的。司马迁进一步指出，“正”的人格本身就内含“桃李不言，下自成蹊”的力量：“余睹李将军，悛悛如鄙人，口不能道辞。及死之日，天下知与不知，皆为尽哀。彼其忠实心诚信于士大夫也。谚曰：‘桃李不言，下自成蹊。’此言虽小，可以谕大也。”[1] 李广将军为人谦卑，从不张扬自我，却以其为人、人格力量本身产生如桃李般令人好尚的吸引力。李白赞扬其友人、山水田园诗人孟浩然的诗“吾爱孟夫子，风流天下闻。红颜弃轩冕，白首卧松云。醉月频中圣，迷花不事君。高山安可仰，徒此揖清芬”（《赠孟浩然》），说的也是孟浩然自身的无须张扬而自然外溢的人格魅力。“应怜屐齿印苍苔，小扣柴扉久不开。春色满园关不住，一枝红杏出墙来。”（宋叶绍翁《游园不值》）满园的春色，是无须掩藏而自然地向外流溢其红艳和芳香的，但所外溢的无须过多，一就够了，一以当十。

其实，在赫尔德有关文化共同性好尚的论述中，已经埋藏着类似这种尚溢律思想的种子：“一切世代的一切民族，其历史中每一种最美好的东西，都带有永恒的封印——那永恒回归之物的烙印和品性；人间有福感受美好事物的人，都会被它们拨动心弦，理必如此，别无其他理解之途。”[2] 文化中的美好事物仿佛自然地就具有向外

---

[1] 〔汉〕司马迁：《史记·李将军列传第四十九》，《史记》九，北京：中华书局，1982 年，第 1828 页。

[2] 〔德〕约翰·哥特弗雷德·赫尔德：《论人的不朽》，《反纯粹理性——论

溢出的辐射力。

中国文化内部盛开的共同性花朵，虽然没有像西方现代性或资本主义那样强势地向外扩张，却也由于其芳香四溢而自动产生过有力的感召作用。歌德就曾发出这样的感慨和崇尚之情："中国人在思想、行为和情感方面，几乎和我们一样；只是在他们那里，一切都比我们这里更明朗，更纯洁，更合乎道德……"他甚至这样想象说："他们还有一个特点，人和大自然是生活在一起的。你经常听到金鱼在池子里跳跃，鸟儿在枝头歌唱不停，白天总是阳光灿烂，夜晚也总是月白风清。月亮是经常谈到的，只是月亮不改变自然风景，它和太阳一样明亮。房屋内部和中国画一样整洁雅致。"[1] 尽管这种赞叹背后的原因很多，且不同时代西方人对中国文化的看法也有其不同，但曾被中国文化独有的共同性价值所吸引（当然同时也有误解和批评），却是毋庸置疑的。

值得注意的是，在文化现代性进程中，先发现代性

宗教、语言和历史文选》，张晓梅译，北京：商务印书馆，2010年，第34页。

[1] [德]爱克曼辑：《歌德谈话录》，朱光潜译，北京：人民文学出版社，1978年，第113页。

国度总是具有面向后发现代性国度的扩张欲。对此，不妨想想马克思早已分析过的“资本”必然追求“剩余价值”的本性就够了。

五、中国艺术家的西方文尚

中国文化现代性进程的推进，其主因固然在于中华民族自身的文化复兴愿望，但“师夷长技以制夷”等战略考虑等作为次因，毕竟也有其必不可少的作用。由于找到了西方文化现代性作为好尚的范本，中国文化现代性进程才逐步提速。

从清末开始，一大批青年知识分子或文化人都相继产生了对于西方文化现代性的崇尚热情。陈独秀曾这样反省自己的现代民族国家意识的形成之迟缓：“我生长二十多岁，才知道有个国家，才知道国家乃是全国人的大家，才知道人人有应当尽力于这大家的大义。我从前只知道，一身快乐，一家荣耀，国家大事，与我无干。那晓得全树将枯，岂可一枝独活；全巢将覆，焉能一卵独完。自古道国亡家破，四字相连。”与中国人的民族国家意识发育过晚相对照的是，西洋强国的国家意识的普及和强悍，都令他充满惊羡之情："再看那英、法、德、俄等国，人人都明白国家是各人大家的道理。各人尽心国事，弄得国富兵强，人人快乐，家家荣耀。"[1]他在这里坦陈自己对"西洋各强国"的强盛的羡慕和对其"国家学"的崇尚，也披露出自己的现代性"中国"观的由来及实施现代国家观启蒙、振兴中华的急切愿望。也正由于如此，才可以更深地理解陈独秀早年发起"新文化"运动的内在和外在缘由：内在缘由在于痛感中华文化的衰败，急切起而振兴之，外在缘由在于从"西洋各强国"的"国家思想，极其发达"等先发现代性思想资源中找到了理想的师承范本。

至于欧洲文艺的成就及其在"思想"上的伟大建树，同样深深地吸引着陈独秀：

> 西洋所谓大文豪，所谓代表作家，非独以其文章卓越时流，乃以其思想左右一世也。三大文豪之

[1] 陈独秀：《说国家》，1904年6月14日，《安徽俗话报》第五期，任建树主编：《陈独秀著作选编》第1卷，上海：上海人民出版社，2014年，第44–45页。

> 左喇，自然主义之魁杰也。易卜生之剧，刻画个人自由意志者也。托尔斯泰者，尊人道，恶强权，批评近世文明，其宗教道德之高尚，风动全球，益非可以一时代之文章家目之也。西洋大文豪，类为大哲人，非独现代如斯，自古尔也。若英之沙士皮亚（Shakespeare），若德之桂特（Goethe），皆以盖代文豪而为大思想家著称于世者也。[1]

他相信"大文豪"的伟大成就不应仅仅局限在文艺本身，而应当像他心仪的列夫·托尔斯泰那样，"尊人道，恶强权，批评近世文明，其宗教道德之高尚，风动全球"。所以，"大文豪"其实同时就应当是"大哲人""大思想家"，他们"非独以其文章卓越时流，乃以其思想左右一世也"。陈独秀此刻对文艺所感兴趣的，还是其在传播现代性"思想"方面所独具的审美感召力，因为他相信文艺作品能够凭借其特殊的感召力而把卓越的"思想"播撒四方。

---

[1] 陈独秀：《现代欧洲文艺史谭》，1915 年 12 月 15 日《青年杂志》第一卷第四号，任建树主编：《陈独秀著作选编》第 1 卷，上海：上海人民出版社，2014 年，第 183-184 页。

如此，也才可以理解与陈独秀同时代的青年画家徐悲鸿之承认“中国画学之颓败，至今日已极矣”而向往师法西洋绘画的必要性：“古法之佳者守之，垂绝者继之，不佳者改之，未足者增之，西方画之可采入者融之。”[1]与陈独秀只是发出启蒙的主张而并未亲自投入实践不同，徐悲鸿不仅提出了“重倡”本国传统，以及采纳“欧洲之写实主义”的主张，而且更亲赴欧洲数载而予以躬身实践、率先垂范：

> 故欲振中国之艺术，必须重倡吾国美术之古典主义，如尊宋人尚繁密平等，画材不专上山水。欲救目前之弊，必采欧洲之写实主义。如荷兰人体物之精，法国库尔贝、米勒、勒班习，德国莱柏尔等，构境之雅。美术品贵精贵工，贵满贵足，写实之功成于是。吾国之理想派，乃能大放光明于世界，因吾国五千年来之神话、之历史、之诗歌，蕴藏无尽。[2]

---

[1] 徐悲鸿：《中国画改良之方法》（1918），王震、徐伯阳编：《徐悲鸿艺术文集》，银川：宁夏人民出版社，1994年，第11–12页。

[2] 徐悲鸿：《美的解剖——在上海开洛公司讲演辞》（1926），王震、徐伯阳编：《徐悲鸿艺术文集》，银川：宁夏人民出版社，1994年，第51页。

徐悲鸿放到第一位的是“必采欧洲之写实主义”，要通过扎实的“写实”功夫而达成“贵精贵工，贵满贵足”的艺术理想，使五千年中华文化艺术传统在现代世界重放异彩。

与徐悲鸿悉心借鉴欧洲写实主义绘画相比，稍后于 1920 年前往欧洲，并在巴黎受徐悲鸿接待的宗白华，一见到罗丹的雕塑，甚至比参观卢浮宫还更受到鼓舞，似乎其整个的生命立即被照亮了：“我们知道我们一生生命的迷途中，往往会忽然遇着一刹那的电光，破开云雾，照瞩前途黑暗的道路。一照之后，我们才确定了方向，直往前趋，不复迟疑。纵使本来已经是走着了这条道路，但是今后才确有把握，更增了一番信仰。”正是不同凡响的罗丹雕塑，让宗白华“看到了这一种光明”，随之“我的思想大变了。否，不是变了，是深沉了”[1]。借助外来异文化他者而启迪孱弱而亟待强盛的中国自我，包括由此重新观照中国本文化传统以及找到通向未来的现代性道路，是当时中国青年才俊们所乐为的。

---

[1] 宗白华：《看了罗丹雕刻以后》(1921)，《宗白华全集》第 1 卷，合肥：安徽教育出版社，1994 年，第 309 页。

出于同样的西方现代型好尚心境，在青年批评家傅雷眼中，正在欧洲取经的中国画家刘海粟由于能与西方艺术精华亲密接触，宛如获得神一般的力量。刘海粟从罗马致信分享自己的西方艺术好尚：“今天又看了两个博物馆，一个画廊，看了许多提香、拉斐尔、米开朗基罗的杰作。这些人实是文艺复兴的精华，为表现而奋斗，他们赐予人类的恩惠真是无穷无极呀。每天看完总很疲倦，六点以后仍旧画画。光阴如逝，真使我着急……”这里首先披露出面对提香、拉斐尔、米开朗基罗等文艺复兴巨匠的杰作时的好尚，并评价说“他们赐予人类的恩惠真是无穷无极”，足以体现面对西方文化现代性范本时的几乎无保留的好尚态度。傅雷在引用上述来信后，禁不住生出了这样的热烈联想：

> 这时候，他徜徉于罗马郊外，在罗马广场画他凭吊唏嘘的古国的颓垣断柱，画二千年前奈龙大帝淫乐的故宫与斗兽场的遗迹。在翡冷翠，他怀念着但丁与贝亚特丽丝（Beatrix）的神秘的爱，画他俩当年邂逅的古桥。海粟的心目中，原只有荷马，但丁，米开朗

基罗，歌德，雨果，罗丹。[1]

从傅雷对刘海粟在意大利与欧洲艺术大师之作亲密接触的场面及心境的纵情想象，可以反过来披露他自己对欧洲艺术成就的强烈的文尚情结。在得知刘海粟即将结束“西天取经”旅程而载誉回国时，他甚至进而展开了这样的丰富想象：

> 阴霾蔽天，烽烟四起，仿佛是大时代将临的先兆，亦仿佛是尤里乌斯二世时产生米开朗基罗、拉斐尔、达·芬奇的时代，亦仿佛是一八三〇年前后产生德拉克鲁瓦、雨果的情景；愿你，海粟，愿你火一般的颜色，燃起我们将死的心灵，愿你狂飙般的节奏，唤醒我们奄奄欲绝的灵魂。[2]

他把刘海粟即将回国发挥作用一事，直接就想象成

---

[1] 傅雷：《刘海粟》(1932)，《傅雷谈艺术》，南京：江苏文艺出版社，2010年，第163-164页。

[2] 傅雷：《刘海粟》(1932)，《傅雷谈艺术》，南京：江苏文艺出版社，2010年，第164页。

意大利文艺复兴艺术高峰和法国浪漫主义艺术高峰的缔造者一般，可见其时对刘海粟的美术界领袖作用推崇之真诚、期待之热切（两人间交恶是后来的事）。

从以上的简要征引，可以见出中国文化现代性早期一批批艺术家、艺术思想家、艺术批评家及美学家的西方现代性同尚主流之点滴。正是在“五四”时期，与对“德先生”“赛先生”的崇尚和对以“孔家店”为代表的古代文化传统的厌弃相交织，中国思想家、艺术家和艺术理论家等精英群体对西方文化现代性的同尚潮流已经上涨到了一个前所未有的新高度（尽管这同时也激发起对“国粹”“国学”“国乐”“境界”“古雅”等传统的挖掘与好尚潮流）。中国文化现代性潮流由于明确找到了西方文化现代性范本，竟具有了理直气壮、义无反顾、气势如虹、无可阻挡等宏大气象。

这里不妨再来简要盘点百余年来中国文化现代性进程所逐步吸纳的西方文化现代性资源：

（1）终极价值观：民主、科学、自由、平等、博爱、个性、人权、法治等。

（2）日常生活器物：望远镜、照相机、火柴、牙膏、电报、电话、报纸、杂志、书籍等。

（3）艺术门类：自由诗、芭蕾舞、西洋音乐、话剧、电影、摄影、油画等。

（4）艺术形象：大海、凤凰涅槃、“大写的人”等。

（5）艺术思想与美学思想：典型、美、美学、本质、模仿说、人民性、优美与崇高、悲剧与喜剧、荒诞、浪漫主义、现实主义、现代主义、后现代主义等。

以上所说，主要意在追溯文尚即文化同尚的作用及其由来，由此可见出跨文化学之探讨文化异质性及文化异忧的缘由。其实，事物都是这样的：当正面的作用被伸张到最大地步，其正面能量逐渐消耗直至殆尽时，其负面的副作用就会自动跳出来发挥作用。如果说，文尚代表文化的正面作用，那么，文忧作为文化的负面的副作用，必然会引人瞩目地登场亮相。这两者之间本无对错之分，但总有相偕而相生的功能，只是人们有时主观上不愿对此予以承认，或者索性有意忽略或淡化而已。可以说，哪里有文尚的作用，哪里就有文忧的副作用。

第二章
文 忧

前面说过，有文尚必有文忧相伴随。不是文忧被偏好，而是文尚本身就会激发文忧的反弹。换言之，文尚的作用一旦被伸张到最大限度，文忧就会自动登场亮相，扮演文化现代性进程中的反思性或自反性角色。文忧，作为对文化异质性及异文化的忧虑，说到底是文化自身的一种自我颠覆或自我革命之举。

一、文忧及其模式

文忧，是文化异忧或文化忧异的简称，属于跨文化学的动力要素，是指伴随文化共同性好尚达于绝境时生起的对文化异质性及异文化的深度忧虑。当行进于文化共同性好尚的正道时，一切安好，但随后这条正道因天长日久而逐渐破损，甚至遭遇外力毁坏时，文化共同性好尚难免受挫；取而代之的是，文化异质性转而成为需要处处谨慎应对的新焦点。文忧，正是要处理文化共同性好尚遭遇严峻挫折时的纷乱局面，要从文化异质性及异文化中重新找到返回文化共同性的正路。这是一条从异到同的复归之路。

异，其异体字为異，甲骨文字形呈人头顶甾器（一种盛水容器）、用双手上举以扶持之状，仿佛是要防止倾覆。其基本义有：不同，奇异的事，显扬，分别，分开，其他的，诧异等。[1] 可见，异字在汉语里早就有着十分小心地加以防范的语义，这与同字被众口拥戴的盛况恰恰构成相反的态势。

忧，繁体字为憂，显示忧心形于颜面的持续状况，其本义为忧愁，担心，忧虑等。[2]《说文》："愁也"。有烦忧、忧虑等词语组合。《诗 · 小雅 · 小弁》："我心忧伤。"

---

❶ 参见《古代汉语词典》编写组编：《古代汉语词典》，北京：商务印书馆，2003 年，第 1852 页。

❷ 参见《古代汉语词典》编写组编：《古代汉语词典》，北京：商务印书馆，2003 年，第 1890 页。

《诗·召南·草虫》:“忧心忡忡。”忧还与患紧密联系,可以说是一对词义相近而可以互换的关联词,有时分开用,有时合起来用。患,也是指向心中有所忧虑之事,有几项基本义:一是忧虑,担忧;二是祸害,灾难;三是生病,疾病;四是毛病,弊病。[1]由此看,作为忧心形于颜面之忧,与作为心中被忧思所穿之患,合而成为忧患,集中表示心中被深度忧愁所叠加地和不停顿地萦绕之意。这样的忧与患或忧患就相当于一种植根心底而挥之难去的情结了。

忧患情结之所系对象,固然多种多样,但主要的就是生活中被视为异、异常、异端或异说的处处需要人去深度关切的事物。在这个意义上,忧就是因异而忧,为异而忧,也就是异忧或忧异。

这样看,简要地说,文化异忧是指对于文化异质性因素的深切忧虑。具体地说,是指对于同一文化内部与正统规范不同的异常事物,对于异文化之异己性质,以及对于业已转化为反面的原有正统文化元素的深切忧虑。

---

[1] 参见《古代汉语词典》编写组编:《古代汉语词典》,北京:商务印书馆,2003 年,第 634 页。

它不是单纯的感性体验，也不同于单纯的理性认知，而是突出地表现为个体对世界的感知、情感、想象、幻想等感性体验与其理解、推理、思考等理性认知的紧密缠绕和相互作用，即代表一种对于世界的体验与认知密切结合着的深度体认或深层洞悉。这就需要分成三个层面来看：

第一层面为与正统文化不同之异。在同一文化内部，总存在与正不同的异，即异文化或文化异质性因素，不得不令人高度关切。也正是由于异的存在，人们才会更准确地体会到正的价值。

第二层面为与本文化不同之异。本文化与异文化之间必然存在差异。也正是这种差异的存在，才让本文化与异文化之间的区别清晰地体现出来。

第三层面为正统文化自身之变异。本文化内部原有的正统文化因素也有可能逐渐地转化为反面，显示出异质性因素的作用来。

尽管现实中的文化异忧的层面可能远为多样和复杂，但这三个层面是其中必不可少的，需要加以重点关注。至少由此可以说，人们有时更加关注的，往往不再只是正统事物或共同事物，而是不同于自身的异己事物。异己事物恰如一面镜子，反过来映照出自我形象。正与异之间、本文化与异文化之间，以及业已转化到反面的本文化内部原来的正统因素之间，一面相互异质，另一面又相互关心、挂念。正由于相互差异，所以才相互关切。也正由于相互关切，所以才会体验到相互间的差异。

人类早期对待文化异忧往往有几种不同态度：一是井蛙情形，宛如坐井底而观天的青蛙，只见自我而目无异文化他者；二是洞穴情形，受限于洞穴环境而无法见到异文化他者的全貌；三是非我情形，即依据“非我族类，其心必异”而推论，所有异文化都必然与我者不同，甚至与我者为敌。

二、文忧的由来

当比较文化学为了文化共同性而遗忘文化异质性时，跨文化学恰是要重新追究文化异质性的由来。如第一章所引，中国有作者把吉卜林有关东西方永不相遇的诗句批评为“口出狂言”。而这位被严厉批评的作家约瑟夫·鲁德亚德·吉卜林（Joseph Rudyard Kipling，1865—

1936)，是出生于印度的英国籍英语作家。他幼年生长于印度，随后长期求学和活跃于英国，还在南非生活较长时间，写有长篇小说《消失的光芒》《基姆》，短篇小说集《山的故事》《丛林之书》，诗集《机关打油诗》《营房谣》等，并于1907年获诺贝尔文学奖。这位一生足迹遍布亚、欧、非三大陆，时常横越东西方文化分界线的小说家、诗人，在《东西方民谣》(The Ballad of East and West)一诗中这样表达自己对东西文化之关系的独特体验：

Oh，East is East，and West is West，and never the twain shall meet,

哦，东是东，西是西，这一对永不相遇，

Till Earth and Sky stand presently at God's great Judgment Seat；

直到地和天同立于上帝大审判席时；

But there is neither East nor West，Border，nor Breed，nor Birth,

但其时既无东也无西，无边界，无繁殖，也无出生，

When two strong men stand face to face,

当两个壮汉面对面站立，

tho' they come from the ends of the earth! [1]

它们来自地球的两极！

在这位出生于东方文化国度而又成长于西方文化国度，从而内心时常煎熬于这两种异文化间严峻对立的诗人眼里，东西方文化差异之巨大，宛如分立在地球两端的两位壮汉，永远也不会碰面。似乎只有等到上了上帝的大审判席之时，它们之间的对峙才会像边界、繁殖、出生之类问题一样消隐于无形之中。如果说，比较文化学有关文化共同性的信念设定，首先契合于现代性原发国家如英美的向外扩张性欲望，那么，作为来自后发现代性国家印度的吉卜林，完全有理由从自身的东西方文化异质性体验出发，对之发出大拒绝。面对这种异文化之间难以沟通的情形，文化异质性观念恰好可以成为一种有力的思想范式支撑点。

这种文化异质性之忧，早已为中外思想家、历史学家

[1] Rudyard Kipling, Rudyard Kipling's Verse: Inclusive Edition（1885–1918）,Garden City, New York, Toronto: Doubleday, Page & Company, 1922, p.272.

等从不同视角加以体认。历史学家焦万尼·巴蒂斯达·维柯（Giovanni Battista Vico，1668—1744）、哲学家亚历山大·戈特利布·鲍姆嘉通（Alexander Gottlieb Baumgarten，1714—1762）、历史学家约翰·哥特弗雷德·赫尔德（Johann Gottfried Herder，1744—1803）和社会人类学家马林诺斯基（Bronislaw Malinowski，1884—1942）等先后表达了对于文化异质性元素或异文化的高度关切和积极的价值发掘。

维柯在《新科学》中认识到，来自异教徒的文化对于欧洲的正统思想是有重要的借鉴意义的。“各民族的各种起源都在于各民族本身而不在它处。……它们的起源都在各族人民的公众需要和利益，后来才由一些个别的聪明人就各种起源进行思索而加以完善化。这是世界通史的正当的起点。”[1] 这实际上等于确认，异文化在其源头上也有其合于人类普遍性的文化共同性品质，不能被轻易抛弃，而需要重新发掘其积极价值。他的发掘工作的要点体现在，开创性地认识到古希腊文化为代表的异文

[1] ［意］维柯：《新科学》，朱光潜译，北京：人民文学出版社，1986 年，第 43 页。

化中蕴藏着对于现代人类来说十分珍贵的“诗性智慧”：“所有异教各民族的历史都有神话故事性的起源……最初的哲人们都是些神学诗人，任何产生或制造出来的事物都露出起源时的那种粗糙情况。我们只应该根据这种粗糙情况来考虑诗性智慧的各种起源。”❶他由此提出，人类在其童年期都是诗人，他们凭借丰富的感觉和想象力而成为诗人，“诗性语句是凭情欲和恩爱的感触来造成的，至于哲学的语句却不同，是凭思索和推理来造成的，哲学语句愈升向共相，就愈接近真理；而诗性语句却愈掌握住殊相（个别具体事物），就愈确凿可凭。”❷这种为人类感性或感觉确立合法性的思想，比鲍姆嘉通由创立“美学”（或感性学）而为人类感性的积极地位正式正名的时间，要早出至少好几年。

而鲍姆嘉通（又译“鲍姆嘉滕”）创立“美学”的工作，也确实同样自觉地要把向来被排斥或忽视的低级感性能力提升到可与理性能力相协调、相媲美的地位上：

---

❶ [意]维柯：《新科学》，朱光潜译，北京：人民文学出版社，1986年，第151页。

❷ [意]维柯：《新科学》，朱光潜译，北京：人民文学出版社，1986年，第105页。

"美学作为自由艺术的理论、低级认识论、美的思维的艺术和与理性类似的思维的艺术是感性认识的科学。"对于长期被置放在"低级"地位的感性认识，美学不能继续加以无视，乃至压制，而是需要加以引导：

> (a) 低级认识能力不需要用暴力强制，而需要稳妥地引导。(b) 这一点只要可以通过自然的方式达到，美学就要做这样的引导，就像它拉着我们的手走似的。(c) 只要低级认识已经损毁，美学家就不应当去启迪它，增强它，而必须把它引上一条健康的道路，从而使它不致由于不当的使用而进一步受到损毁，也避免在防止滥用堂皇的托辞下合法地使上帝赋予我们的才能受到压制。❶

这种把长期被压制的感性能力予以合法化并提升到合理地位的努力，也实际上相当于重新挖掘文化异质性因素的正面价值，在这个意义上具有划时代的深远价值。

---

❶ [德] 鲍姆嘉滕：《美学》，简明、王旭晓译，北京：文化艺术出版社，1987年，第13、16–17页。

赫尔德认识到，不同民族的文化也即异文化自有其不可轻视的独特价值。他认为，正像我们无法说清楚一个人的独特性一样，任何人都无法用一个描述词去试图说清整个民族文化的丰富性和变化性。这是由于各个民族文化总是无限丰富和善于变化的："没有哪个民族曾经或可能长时间地保持不变；每一个民族，就像艺术、科学和这个世界上的一切东西，生长、开花和衰落各有其时；这些变化中的每一种，都只持续最短的时间，是人类命运之轮可能赋予它的时限；最后，世界上没有两个时刻一模一样……"[1] 因此，他提醒人们要同时看到一个民族文化的正反两方面："一个民族可以同时拥有最崇高的德性和最卑微的软弱；它可以毫无规则，表现出令人惊诧的矛盾与不协调。"[2] 这样，就必须正视一个民族文化的独特性或特异性方面：

---

[1] 〔德〕约翰·哥特弗雷德·赫尔德：《又一种历史哲学》，《反纯粹理性——论宗教、语言和历史文选》，张晓梅译，北京：商务印书馆，2010年，第3页。

[2] 〔德〕约翰·哥特弗雷德·赫尔德：《又一种历史哲学》，《反纯粹理性——论宗教、语言和历史文选》，张晓梅译，北京：商务印书馆，2010年，第5页。

> 每个独特的民族，都倾向于独特的民族幸福的形式，在这个演进过程中，一个民族与另一个民族间的距离被越拉越大。……每当两个民族的禀赋和视域相碰撞，就生出我们称之为偏见、群氓之见和狭隘民族主义的东西！但若时间与地点恰当，偏见也是好的，因为幸福正可以从中生出来。它把人们围绕他们的中心聚拢在一处，与他们的根更紧密相连，令他们能以自己独特的方式更完满地繁荣兴旺，让他们对自己的禀赋和目标更充满热情，因而也就更幸福。在这种意义上，最无知、偏见最深的民族通常也是最幸福的民族。而那些只知模仿别的民族的渴求与希望，偏离了自身方向的时代，通常已经是疾病缠身、虚浮肿胀、骄奢淫逸、死到临头！[1]

他高度重视和评价各民族文化的“独特”方面，认为那些被称为“偏见”的东西也可能具备正面的或积极的价值，甚至还提出“偏见也是好的”和“最无知、偏

[1] 〔德〕约翰·哥特弗雷德·赫尔德：《又一种历史哲学》，《反纯粹理性——论宗教、语言和历史文选》，张晓梅译，北京：商务印书馆，2010年，第9页。

见最深的民族通常也是最幸福的民族”的论断（当然这是指把它们放到特定时空条件下看待时）。这样面对文化异质性的开放胸襟对于理解跨文化学的意义是意义深远的。

马林诺斯基作为社会人类学的早期开拓者，通过调研澳大利亚和新几内亚等“西太平洋”土著文化，形成了一整套独创的社会人类学理论与方法。他的研究的“目标就是把握土著人的观点、他与生活的关系，搞清他对他的世界的看法”。因为，他认为要认识异文化，最要紧的是“考察人，研究与他密切相关的东西，研究生活给予他的立场。文化价值各有分殊。人们渴望不同的结果，追随不同的冲动，追求不同形式的幸福。每一种文化都存在不同的制度让人追求其利益，都存在不同的习俗满足其渴望，都存在不同的法律与道德信条褒奖他的美德或惩罚他的过失”。[1]在他看来，这种异文化考察须将土著人的社会生活制度与其心理、情感、想象、行为等结合起来。“研究土著人最令我感兴趣的，是他对

---

[1] [英]马林诺斯基：《西太平洋的航海者》，梁永佳、李绍明译，北京：华夏出版社，2002年，第18页。

事物的看法、他的世界观、他所呼吸的生命气息和他生活在其中的现实。每一个文化都给它的成员某种确定的世界观、某种确定的对生命的热情。……最令我入迷的是能够从不同的、为某文化所独有的角度体谅生命和世界，并由此激励我深入探究其他文化，理解其他类型的生活。”他之所以强调把土著人的制度、行为、礼仪等与其心理方面紧密结合起来，根本上还是为了由此而返身认知自身本文化。“我们最后的目的是丰富和深化我们的世界观，了解我们的本性，并使它在智慧上和艺术上更为细致。若我们怀着敬意去真正了解其他人（即使是野蛮人）的基本观点，我们无疑会拓展自己的眼光。……就这最要紧的事情而言，养成能用他人的眼光去看他们的信仰和价值的习惯，比什么都更能给我们以启迪。”他据此对异文化研究者提出更高的要求：“只有真正热爱各种不同文化的丰富性和独立性的人，才能理解、消化一个文化里的所有项目，做出最后的综合，只有他们才称得上是真正的人的科学的工作者。”他显然在此提出了后来被称为多元文化型科学家的高标准。他立志让这样的“民族学研究”成为“一门高度哲学化、具有启蒙性、使人高尚的学科”。[1]

这种文化异质性之忧，其实在中国早已得到清醒洞悉。如前所述，中国先民通过“忧”“异”等汉字造字时的构型原则，早已传达出深邃的“忧患”情结，并且形成了以儒家和道家等为代表的相当早熟的忧异思维传统（详后）。到文化现代性进程中，鲁迅等现代知识分子大胆解放思想，敢于以普罗米修斯盗取天火给人类的气魄，主张“拿来主义”，在对西方异文化的借鉴中创造中国自己的新型现代文化。鲁迅在早期的《摩罗诗力说》（1907）等文章中，就对以拜伦为代表的“摩罗诗派”等西方异文化或其中的文化异质性因素给予高度评价和大力推介。他看到，“摩罗诗派”的共同性在于“立意在反抗，指归在动作，而为世所不甚愉悦者”。[2] 他们的作品中即便具有文化异质性因素的缠绕或洋溢，也是当时的情势下的迫不得已之举。这些欧洲作家有裴伦（拜伦）、修黎（雪莱）、普式更（普希金）、来尔孟多夫（莱蒙托

---

❶ [英] 马林诺斯基：《西太平洋的航海者》，梁永佳、李绍明译，北京：华夏出版社，2002 年，第 446-447 页。

❷ 鲁迅：《摩罗诗力说》，《鲁迅全集》第 1 卷，北京：人民文学出版社，2005 年，第 68 页。

夫）、密克威支（密茨凯维支）、斯洛伐支奇（斯洛伐茨基）、克拉辛支奇（克拉辛斯基）、裴象飞（裴多菲）等，还涉及弥尔顿、歌德、彭斯、济慈、果戈理等。该文的论点建立在来自欧洲的康德以来审美无功利观及文艺的美感作用等思想上："由纯文学上言之，则以一切美术之本质，皆在使观听之人，为之兴感怡悦。""文章不用之用，其在斯乎？……文章之用益神。所以者何？以能涵养吾人之神思耳。涵养人之神思，即文章之职与用也。"[1] 他进而鲜明地指出了"摩罗精神"的核心："上述诸人，其为品性言行思维，虽以种族有殊，外缘多别，因现种种状，而实统于一宗：无不刚健不挠，抱诚守真；不取媚于群，以随顺旧俗；发为雄声，以起其国人之新生，而大其国于天下。"他这样不遗余力地借鉴欧洲"摩罗精神"，目的还在于借助西方异文化因素而完成中国现代文艺自身的启蒙大业："求之华土，孰比之哉？"他渴望有一群同道去共同战斗："今索诸中国，为精神界之战士者安在？"[2] 其向欧洲文艺借鉴、"别求新声于异邦"的文化

❶ 鲁迅：《摩罗诗力说》，《鲁迅全集》第1卷，北京：人民文学出版社，2005年，第73-74页。

❷ 鲁迅：《摩罗诗力说》，《鲁迅全集》第1卷，北京：人民文学出版社，

启蒙意向十分明确。

今天回看“五四”新文化运动的意义，其实不仅在于来自西方的“德先生”“赛先生”等现代性价值观的启蒙和普及，而且还应当包含端正对外来异文化的认知态度、整体感受异文化的作用，以及借异文化而反观本文化等方面的启蒙作用。特别是民间文化、下层文化、民俗等过去被视为异端或异常的文化及民间文艺作品，都受到了广泛重视。中国民俗学创始者钟敬文后来追忆道：“那正是轰轰烈烈的，既是政治运动、又是文化运动的‘五四’之后的几年。政治、文化两方面的运动各以另一种方式在继续着。北京大学《歌谣》周刊的刊行（1922）和收集、发表民间文学作品风气的广泛流传，就是那种新文化运动一个有机的和有力的部分。”经历过这场既包括上层文化启蒙，也包括下层文化启蒙的总体性思想文化运动的洗礼，“作为一个刚见世面的青年，像触了电似的，我蓦地被卷入了这文化的狂潮里去。除了奋力学习新文学之外，我又不知疲倦地在向周围的人们采

2005年，第101−102页。

录民间歌谣、故事。”❶这样的回忆，让人难免想到前引宗白华面对罗丹雕塑时所获得的心神震撼效应。重要的是，钟敬文终其一生的民俗学和民间文艺学研究之目的，终究是要在其“整体文化”视野中合理地利用下层文化的资源。在他看来，“上层文化”主要是“占有优越的经济和政治地位的统治阶级成员所创造、享有的文化”，而“下层文化”则是“跟一般处于高位的上层文化相对立的处于下位的文化”，“主要是被统治、被剥削的一般民众所创造、享有的文化”。针对那种把“下层文化”简单地看作粗俗、保守或僵化文化的旧观念，钟敬文提出一个富于挑战性的见解：“下层文化”是“上层文化”的“基础”，甚至是“整个人类伟大的文化宝库的一个重要组成部分”。他强调：“在同一个民族里，这种分离着、差异着，乃至于对抗着的两种文化，却又互相联系着、纠结着、渗透着，形成一个整体的民族文化。”❷正是这两种文化形态（还有“中层文化”）的相互冲突、对抗和融合，

❶ 钟敬文：《钟敬文学述》，董晓萍整理，杭州：浙江人民出版社，2000 年，第 34 页。

❷ 钟敬文：《谈谈民族的下层文化》，《群言》1986 年第 11 期。

才形成了这种文化的整体的独特民族性格。[1]这一点有助于理解“五四”新文化运动特有的一种借他者眼光而反观自身的历史性意义：“帮助当时的学者在中外学术的比较中，重新发现了民族历史感，而这种历史感比在民族内部认识到的更深刻，更能促进他们自觉创新，他们也因此创造了历史民俗学的品格特征。”由此而获取的异文化之“异”，随着全球化进程的深入，还可以进一步细分为“异社会”“异工业”“异文化”“异现代”等多重维度。[2]

这种借助外来异文化眼光而回头观照中国自我的学术研究，也可从本书在此前后都有讨论的马林诺斯基的中国弟子费孝通的研究中见出。陈寅恪也曾指出“野蛮”的异文化在“中原文化”发展中所起的激活作用：“李唐一族之所以崛兴，盖取塞外野蛮精悍之血，注入中原文化颓废之躯，旧染既除，新机重启，扩大恢张，遂能别

---

❶ 参见我的《整体文化、民俗文化与修辞论诗学——钟敬文先生诗学阅读札记》，《中国文化研究》1998年春之卷，收入我的《汉语形象与现代性情结》，北京：首都师范大学出版社，2001年，第269–284页。

❷ 董晓萍：《现代民俗学讲演录》，桂林：广西师范大学出版社，2007年，第5、70页。

创空前之世局。”❶这里的异文化之“野蛮精悍”，是相对于“中原文化颓废之躯”来说的，显然看到了“中原文化”的“新机重启”过程中异文化所起的特殊的激活作用。

这种面对外来异文化、下层异文化和边缘异文化资源，毅然加以容纳和借鉴的开放意向，在20世纪80年代改革开放进程中，由于中国文化传统角色的重新激活，变得复杂起来。像西方异文化那样实施自身的现代性进程，难道就意味着简单地主动消解掉自身文化传统的丰厚性？其时，一些中国学者、艺术家心中所忧在于，当古老的汉字在中国文化现代化潮流中，以及在西方异文化影响下自觉地发生从繁体字到简体字等重要变革时，那些被简化掉的零部件所象征的古典文化传统，是否就真的在现代丧失掉其存在价值？对此，《汉英之间》抒发了这样的回忆和感叹：

我居住在汉字的块垒里，

❶ 陈寅恪：《李唐氏族之推测后记》，《陈寅恪集 · 金明馆丛稿二编》，北京：生活 · 读书 · 新知三联书店，2015年，第344页。

在这些和那些形象的顾盼之间。
它们孤立而贯穿，肢体摇晃不定，
节奏单一如连续的枪。
一片响声之后，汉字变得简单。
掉下了一些胳膊，腿，眼睛，
但语言依然在行走，伸出，以及看见。

在古老而辉煌的汉字在现代被迫发生简化字之类革命后，中国似乎非但没有按预想的那样实现汉字的顺顺当当的现代化，反而是依旧遭遇“饥饿”的恐慌，甚至出现不得不移居到英语里面去的潮流：

那样一种神秘养育了饥饿。
并且，省下很多好吃的日子，
让我和同一种族的人分食、挑剔。
在本地口音中，在团结如一个晶体的方言
在古代和现代汉语的混为一谈中，
我的嘴唇像是圆形废墟，
牙齿陷入空旷
没碰到一根骨头。

> 如此风景，如此肉，汉语盛宴天下。
> 我吃完我那份日子，又吃古人的，……

面对百余年来的“中国人移居英语”的情境，诗人禁不住反思道：

> 一百多年了，汉英之间，究竟发生了什么？
> 为什么如此多的中国人移居英语，
> 努力成为黄种白人，而把汉语
> 看作离婚的前妻，看作破镜里的家园？究竟
> 发生了什么？我独自一人在汉语中幽居，
> 与众多纸人对话，空想着英语，
> 并看更多的中国人跻身其间，
> 从一个象形的人变成一个拼音的人。[1]

亲历改革开放时代之初修习英语热潮的中国诗人，深切地感受到一个“象形的人”想要变成“拼音的人”

---

[1] 欧阳江河：《汉英之间》，据牛汉、谢冕主编：《新诗三百首》贰，北京：中国青年出版社，2000年，第413–415页。

时的难以化解的痛苦和忧伤。诗人没有简单地否定面向西方文化开放的必要性和合理性，而是痛切地感受到在这种开放中，中国自身文化传统的对于文化现代性来说的异质性，更需要得到尊重和维护，以及从事这种尊重和维护遭遇到的特殊困难。在当代中国重新兴起的拥抱全球文化共同性的潮流中，尊重和维护中国文化传统本身正变得愈发艰难和困顿。

确实，当中国文化现代性进程业已持续百余年、“入之愈深，其进愈难，而其见愈奇”（宋王安石《游褒禅山记》）之时，再来回顾中西方两大异文化之间的关系，难免会多一分反思的冷静。仔细一想，且不说随着文化现代性进程的深入，当今全球各种文化之间的异质性不仅没有被逐步消除，反而是依旧坚挺甚至被放大了，单就这种文化共同性主张本身看，它可能在不经意间潜藏有某种思想陷阱（尽管说者可能并无此心）：当不同民族间的文化异质性或民族特性被设定为假象，而各民族间的文化共同性或民族普遍性被设定为真理时，这种一虚一实、前虚后实的区分，难道不正是一种忽略了现实多样性的纯粹人为的二元对立陷阱？它有合理性依据吗？如果有，这是确切的实在还是仅仅出自人为假定？问题就提出来了。

要破解文化共同性信念中的二元对立式思想陷阱，不妨从两方面去考虑：

第一，如何看待真理的共同性与真理观之间的差异性或多样性？诚然可以没有“中学西学之分”，但真理对中国和西方来说是否真的只能有唯一的一个？问题的关键在于，世上真理可能只有一个，但发现、论述和传播真理的人却常常有不同，从而导致表现真理的方式即真理观本身也不同。如此一来，不同的人群之间是否真的只存在唯一的真理呢？诚然真理是客观的，也即客观真理只有一个，但不能否认真理观可能存在若干种，因为它可以由不同的主体去认识和表述，从而真理观具有主体性和多样性。这表明，不同的主体之间也可能持有彼此不同的真理观。此时，真理究竟在谁手上呢？或许，需要打破真理与真理观之间的二元对立，承认真理本来就是可以由不同的主体去从不同视角加以认识的。

第二，这种现代化第一位而民族性第二位的层级划分本身是否合理？当假设现代化道路具有共同性、“普世性”或“普遍性”，而又同时承认实际走上现代化道路的国家或民族具备民族性或多样性时，即确认他们总是在不同时间点、不同地理位置、不同国情或民情等条件下走上那条共同的现代化道路时，那么，这样在现代化与民族性之间或者在共同性与多样性之间横加区分，还有必要性和合理性吗？各民族之间难道不是各有自己的现代化道路？此时，或许需要承认的是，现代化这个理想目标只有一个，但通向它的实际道路却可以有若干条。从而在现代化目标与现代化的实际道路之间，没必要做生硬的第一位与第二位的层级式区分。它们之间其实是二而一的，也就是同一回事。

正是为着适当修正文化共同性思想的偏向，跨文化学思考才成为一种必然。如此看，跨文化学是由文化共同性主张激发出来的一种反向的力量。它并非意味着对文化共同性信念实施完全彻底的否定，而只不过是要在承认文化共同性具有合理性的前提下，解决单纯的文化共同性所无法化解的问题：文化之间不仅有共同性的一面，而且同时也有着异质性的另一面。跨文化学思考的产生，不是要彻底否定此前的比较文化学信念，而不过是要纠正其单纯的文化共同性偏向，确认文化异质性的合理性一面。

从比较文化学到跨文化学，体现的是从异文化间类同研究到类同文化间差异研究的微妙而又重要的转变。这难免令人想到社会心理学曾经发生过的从“群体中的（the individual in the group）”研究范式，到“个体中的群体”（the group in the individual）研究范式的转变。[1] 这两者之间并非截然对立，而是各有其偏重、各有其倾向。

不过，跨文化学不会仅仅固守在文忧的天地里徘徊，而是要认真面对异文化之间的涵濡问题，这才是至关重要的核心环节或要素。

三、文忧的定律

跨文化学的文化异忧，主要就是对文化共同性发生变异的忧虑，即对文化共同性之达不到原有理想高度而呈现为文化异质性状况的忧虑。这其中，既包含对本文化内部正统规范发生变异、异质性矛盾尖锐的忧虑，也

---

[1] [澳] 迈克尔 · A. · 豪格、[英] 多米尼克 · 阿布拉姆斯 :《社会认同过程》，高明华译，北京 : 中国人民大学出版社，2011 年，第 4 页。

包含对与己接触的异文化的敌意的忧虑。无论哪种情形，文忧都表示对与文化共同性相对的文化异质性的作用的深度关切。确实，文化共同性作为高度理想的共同言行规范，其在现实中推演时难免时常发生变异，进而让隐伏其中的文化异质性因素显露出来，并与之发生这样或那样的碰撞。要顺利推进文化现代性进程，就需要对这种文化异质性因素保持常态化的忧虑。跨文化学，不过是要让文忧成为文化及文化学中与文尚地位相等而又共生的焦点而已。

为了进一步认识文忧的具体情形，这里不妨就其中的若干定律、规律或原理，谈谈看法。

1. 忧异律

忧异律，是指对文化异质性因素的忧虑已成为主体规范之一。这表明，人们总是对生活中的异己、异常或不同的事物也即异质性因素高度关切，因为这些事物假如处置不当，会导致正统秩序受到影响，乃至发生灾难。异对于正已变得如此重要，以致假如不能妥善处理异，就无异于自动放弃正的规范。

中国文化中历来就有一种“忧”“患”或“忧患”的

原初情结或思维传统。这种传统的一个核心点在于，仁人志士、士人、知识分子或其他精英人物都会自觉地把对生活中的异质性因素的忧虑内化于个体的思维及言行之中，成为一生的人格范式。我曾把它视为“中国知识分子的一种人格与行为原型”，并且称为“原忧”：

> “忧”就是“焦虑”，指自我置身于由外在或内在压力引起的着急、痛苦、恐惧或忧愁状态。“原忧”之“原”在此有相互联系的两种含义：一是原初、初始或居先，二是本原或根本。其实，原初的东西也就是本原的东西，因为原初并不只是时间上的开端，而且同时也是后来不得不遵循的本原性规范。这样“原忧”也就是原初的和本原性的焦虑。“忧”这里也通“患”或“忧患”。中国知识分子总是处于一种似乎与生俱来的“原忧”之中。[1]

确实，与古希腊早期出现赫拉克利特、巴门尼德、

---

[1] 见王一川《中国现代卡里斯马典型——20世纪小说人物的修辞论阐释》，昆明：云南人民出版社，1994年，第106–107页。

恩培多克勒、阿那克萨戈拉和德谟克里特等一批冷峻地探讨自然规律的哲学家不同（后来才由苏格拉底拉动了人学转向），中国早期出现的是凭借主体自身的“忧患”思维去理解和探讨自然及人世的人。《易经》虽然是一部卜筮之书，但记载了中国早期的独特的以“忧患”情结为核心编织起来的宇宙观和思想系统。《易传》对《易经》作了这样的回溯式理解和阐发：“《易》之兴也，其于中古乎？作《易》者，其有忧患乎？”又说：“又明于忧患与故。”[1]无论这里的“中古”是指夏商周的哪个时段，都表明后人认识到，《易经》产生于先辈的“忧患”情结：他们以“忧患”之思而作《易》，目的应当是通过对“异”的作用的把握而领悟宇宙及人生真理。这种“忧患”情结可以说从《易经》时代一直延续下来，成为中国仁人志士或精英阶层的一种代代相传和绵延不绝的思维传统或思想原型。

以孔子为代表，儒家之忧，在于礼乐精神之复兴大业未成，特别集中到个体的德行修养即修身上。孔子告

---

[1] 《易传·系辞下》，高亨：《周易大传今注》，济南：齐鲁书社，2009年，第517、522页。

诫说："君子谋道不谋食。耕也，馁在其中矣；学也，禄在其中矣。君子忧道不忧贫！"[1]按照孔子的设想，真正的"君子"之忧不在于日常生活之衣食住行等琐事，而在于"道"的维护这一件大事。对"国"之君王来说，"有国有家者，不患寡（当作贫）而患不均，不患贫（当作寡）而患不安。盖均无贫，和无寡，安无倾。夫如是，故远人不服，则修文德以来之。既来之，则安之。"[2]他开导说，君王之忧应当集中在黎民百姓的贫富不均、生活不安定等问题上面。只要财富平均、境内平安，他们就没有什么可忧的了。孔子还在引用《诗经 · 邶风 · 柏舟》之"忧心悄悄，愠于群小"后指出："小人成群，斯足忧矣。"[3]孔子之忧心忡忡，还在于身处被成群结伙的"小人"所憎恶之境。因为他认为"小人成群"作为生活秩序中的异数，会阻挡礼乐精神的复兴。

孟子自觉地传承了孔子之"忧"，从而在儒家文化传

❶ 孔子：《论语 · 卫灵公》，参见杨伯峻译注：《论语译注》，北京：中华书局，1980 年，第 168 页。

❷ 孔子：《论语 · 季氏》，参见杨伯峻译注：《论语译注》，北京：中华书局，1980 年，第 172 页。

❸《孔子家语》，王国轩、王秀梅译注，北京：中华书局，2011 年，第 16 页。

统中具有不可或缺的重要地位。如果说，孔子在借鉴前贤如周公等的基础上确立以礼乐精神为核心的儒家“正”的规范的话，那么，孟子出于对“正”业已偏离为“异”的深度忧虑，系统阐述了儒家的以“义”为核心的纠偏方略，并使之成为纠正“异”、维护“正”的规范的必要的补救措施。“乐民之乐者，民亦乐其乐；忧民之忧者，民亦忧其忧。乐以天下，忧以天下，然而不王者，未之有也。”[1] 孟子相信，君王只要能与天下人同乐和同忧，全天下必将归服于它。他还以“圣人”为榜样，指出君王的职责在于“忧民”，恰如尧所做的那样，“尧以不得舜为己忧，舜以不得禹、皋陶为己忧”[2]。真正的君王知道如何挑选出舜、禹、皋陶那样的贤才去为民办事，治理国家，从而化解百姓之忧。“君子有终身之忧，无一朝之患也。乃若所忧则有之：舜，人也；我，亦人也。舜为法于天下，可传于后世，我由未免为乡人也，是则可忧也。忧之如何？如舜而已矣。若夫君子所患则亡矣。非仁无

---

[1] 《孟子·梁惠王章句下》，参见杨伯峻译注：《孟子译注》，北京：中华书局，2012年，第34页。

[2] 《孟子·滕文公章句上》，参见杨伯峻译注：《孟子译注》，北京：中华书局，2012年，第132页。

为也，非礼无行也。如有一朝之患，则君子不患矣。”[1] 君子不应当为“一朝”之利益得失而忧患，而是需要“终身”都为“仁”“礼”在社会中的实施而忧患，凡是不符合仁爱的事不干，不合于礼的事不为。

孟子的独特建树还在于，为了维护正统规范，不惜发扬“义”的精神去行动：“言非礼义，谓之自暴也；吾身不能居仁由义，谓之自弃也。仁，人之安宅也；义，人之正路也。旷安宅而弗居，舍正路而不由，哀哉！”他认为，出言来破坏礼义的，属于自己残害自己；自己认为不能以仁安居内心，不能以义出行，便属于自己抛弃自己。仁是人类最安全而又适合的住宅，义是人类最正确的道路。把最安全而适合的住宅空着不住，把最正确的道路舍弃不走，真是可悲啊！[2] 这里把“义”视为“人之正路”，是说当本来正常的“仁”遭遇巨大变故或不测而变得失常、反常时，就需要重新找到“正路”，以便让失位的“仁”回归于应有的正位。这样一来，“义”

[1] 《孟子 · 离娄章句上》，参见杨伯峻译注 :《孟子译注》，北京 : 中华书局，2012 年，第 215–216 页。

[2] 《孟子 · 离娄章句上》，参见杨伯峻译注 :《孟子译注》，北京 : 中华书局，2012 年，第 184 页。

就应该是一种促使“仁”回归于正位的特殊的异文化力量。难怪当齐宣王问他做臣子的“弑君”之事时，他这样回答说：“贼仁者谓之‘贼’，贼义者谓之‘残’。残贼之人谓之‘一夫’。臣闻诛一夫纣矣，未闻弑君也。”[1]面对独夫民贼式的君王，你就得发扬“义”的精神，敢于以异乎常态的特异方式去维护“正”的威信，即便是被迫起而以刀“弑君”，也应当被视为一种公正之举。所以说只听说过周武王诛杀独夫殷纣，而没听说过他是以臣弑君的。从今天的跨文化学视角看，发扬“义”的精神去维护“正”的正位，其实正相当于以文化异质性或异文化方式去重新安置主流文化的应有位置。一种本文化不能仅仅满足于正统规范制度的制定，更加重要的是重视这种正统规范制度在运行过程中出现的失位或失范问题。一旦发现此类症候，就应当高扬“义”的精神或“义气”去奋起寻找新的“正路”。

老子也强调“忧患”。他认为，个体的忧患来自自己的身体，因为身体之荣宠祸福会令人产生忧患。“何谓贵

---

[1] 《孟子·梁惠王章句下》，参见杨伯峻译注：《孟子译注》，北京：中华书局，2012年，第43页。

大患若身？吾所以有大患者，为吾有身，及吾无身，吾有何患！”[1]只要不再把身体之荣宠当回事，忧患还能产生吗？所以，贵身十分重要。贵身才能承担大任。不过，比较而言，道家之忧是与儒家之忧稍有偏重的：不在于个体的积极向前的德行修为，而在于有所退却和克制的“无为”，即“为无为，则无不治”[2]。这是说以看似无为的方式去应对万事万物，才会达到真正的社会治理的目的。这是因为，道家认为问题的出现往往不是由于人类制定的文化共同性规范少了，而是它们已经太多了，而且太过了，也就是太违反自然规律了。所以，在道家看来，重要的与其说是像儒家那样高扬“义”的精神去寻找新的“正路”，不如说是相反，尽力减少或放弃所制定的人为的文化共同性规范，尽力做到“无为”，达成“无为而治”的社会治理境界。“是以圣人处无为之事，行不言之教；万物作而不为始，生而不有，为而不恃，功成

---

[1] 《老子 · 十三章》，参见陈鼓应注释：《老子今注今译》（参照简帛本最新修订版），北京：商务印书馆，2006 年，第 121 页。

[2] 《老子 · 三章》，参见陈鼓应注释：《老子今注今译》（参照简帛本最新修订版），北京：商务印书馆，2006 年，第 86 页。

而弗居。”[1]老子理想中的有道之人，总是自觉追求不妄为而为、“不言”而教，顺任万物规律而不横加干预，生养万物而不据为己有，对万物有作为而不自恃，成就功业而不自居。由于如此，他倡导“绝圣弃辩，民利百倍；绝伪弃诈，民复孝慈。绝巧弃利，盗贼无有。此三者以为文，不足，故令有所属：见素抱朴，少私寡欲”[2]。这里的“辩”“诈”“利”等词语共同揭示出，过多的文化规范反倒成为通向道的阻碍。老子所忧所患在于人类自己编造的虚假的文化共同性已经成为道的复归的阻碍了。因而重要的在于“见素抱朴”，即保持质朴心性，减少私欲。这也就是前面所谓“贵身”所需遵循的具体原则。

身处战国时代的激烈纷争环境下，庄子更坚决地发扬老子的“忧患”传统，把其“绝圣弃辩”“绝伪弃诈”“绝巧弃利”等“无为”思想干脆推演为以“绝圣弃知”为核心的系统思想：“绝圣弃知，大盗乃止；擿玉毁珠，小盗不起；焚符破玺，而民朴鄙；掊斗折衡，而

---

[1] 《老子 · 二章》，参见陈鼓应：《老子今注今译》（参照简帛本最新修订版），北京：商务印书馆，2006 年，第 80 页。

[2] 《老子 · 十九章》，参见陈鼓应：《老子今注今译》（参照简帛本最新修订版），北京：商务印书馆，2006 年，第 147-148 页。

民不争；殚残天下之圣法，而民始可与论议。擢乱六律，铄绝竽瑟，塞瞽旷之耳，而天下始人含其聪矣；灭文章，散五采，胶离朱之目，而天下始人含其明矣；毁绝钩绳而弃规矩，攦工倕之指，而天下始人有其巧矣。故曰：'大巧若拙。'"[1]这里直截了当地主张，只有弃绝那些违反自然规律、违背社会治理逻辑的所有人为之物，自然和社会才会恢复其应有的本来秩序。而人民，也才会因此而变得纯朴、不争、参与议事、内敛其聪慧、内藏其明敏、隐匿其技巧、其德性达到玄妙齐同的境地等。如此，天下就不会有忧患了。[2]他于是主张："绝圣弃知而天下大治。"[3]这是因为，在他看来，"圣人之利天下也少而害天下也多。……圣人生而大盗起。掊击圣人，纵舍盗贼，而天下始治矣。夫川竭而谷虚，丘夷而渊实。圣人已死，则大盗不起，天下平而无故矣"。对此，郭象注说："夫圣人者，天下之所尚也。若乃绝其所尚而守其素朴，弃

---

❶《庄子 · 外篇 · 胠箧》，参见〔清〕郭庆藩撰：《庄子集释》，王孝鱼点校，北京：中华书局，2013 年，第 322−323 页。

❷ 参见陈鼓应注译：《庄子今注今译》（最新修订版）上册，北京：商务印书馆，2007 年，第 308 页。

❸《庄子 · 外篇 · 天运》，参见〔清〕郭庆藩撰：《庄子集释》，王孝鱼点校，北京：中华书局，2013 年，第 344 页。

其禁令而代以寡欲，此所以掊击圣人而我素朴自全，纵舍盗贼而彼奸自息也。”[1] 按照郭象的理解和发挥，庄子这是提出一种破除“天下之所尚”而回归于“素朴自全”境界的政治理想。

从上面对儒道两家的忧异或异忧思维传统的简述可见，中国有着尊重和崇尚异文化或文化异质性的作用的思想传统，尽管儒道两家在具体的忧患方式和忧患对象上有所区别。儒道两家共同地认识到，假如不了解异文化或文化异质性的作用，就无法完成维护文化共同性规范的使命。同样是带着忧患情结做人做事，儒家更注重以个体的德行修养去对周围的人和事形成巨大的感召力，道家则强调以个体的“无为”态度去限制人为的过度干预而放任自然按自身规律运行。

这种有关异文化或文化异质性因素的忧患传统，其实也可以在西方文化中找到一种相近的反思。法国启蒙运动领袖之一的狄德罗（Denis Diderot，1713—1784）就对当时过于文明的“风尚”深感担忧：“一个民族愈文

[1] 《庄子 · 外篇 · 胠箧》，参见〔清〕郭庆藩撰：《庄子集释》，王孝鱼点校，北京：中华书局，2013 年，第 316、319 页。

明，愈彬彬有礼，他们的风尚就愈缺乏诗意；一切都由于温和化而失掉了力量。”[1] 这里连用三个“愈……”开头的词语组合，即“愈文明”“愈彬彬有礼”“愈缺乏诗意”，集中表明，他深深忧虑的是过度的文化共同性好尚可能导致自身文化的“诗意”和“力量”的丧失。取而代之，他召唤诸如“巨大的粗犷的野蛮的气魄”之类具有异质性的“风尚”前来拯救：“诗人需要的是什么？是未经雕琢的自然，还是加工过的自然？是平静的自然，还是动荡的自然？……诗需要的是一种巨大的粗犷的野蛮的气魄。”[2] 他正是要以这种与正统“风尚”不同或对峙的“异”的“风尚”，来为文明社会注入新生力量。这种在“文明”自身遭遇过度化困扰时毅然召唤“异端”风尚去加以拯救的做法，同前述孟子以“义”护“正”的方略，在精神上有一致处。可见中西方在忧异情结方面有着相互发明的传统。

---

❶ [法] 狄德罗：《论戏剧诗》，据《狄德罗美学论文选》，张冠尧、桂裕芳等译，北京：人民出版社，1984 年，第 187 页。

❷ [法] 狄德罗：《论戏剧诗》，据《狄德罗美学文学论文选》，张冠尧、桂裕芳等译，北京：人民出版社，1984 年，第 188 页。

2. 忧己律

在中国传统中，忧异之思，说到底还是会沉落为主体自身的言行及思维方式的修养上，从而忧异律实际地会自动转化为忧己律，或者通过忧己律而集中表现出来。忧己律，是指对文化异质性因素的忧虑终究会被主体自觉地内化为对自身的身心状况的调养，这已成为一种主体规范之一，同时更是重建被毁坏的文化共同性正道、实现社会治理目标的先决条件之一。这一点与希腊自然哲学家们不问主体修为而关心外部宇宙的客观规律的传统，形成一种鲜明的对比。

孔子强调忧患的焦点在于主体自身的修为："德之不修，学之不讲，闻义不能徙，不善不能改，是吾忧也！"[1]他之所忧在于儒者德行不修、学业不讲、闻听义的事情不能亲身实行、发觉自我不足时还不能改正等缺点。他认为"君子"应当志存高远："志于道，据于德，依于仁，游于艺。"[2]这种忧己思维，具体地表现为

---

[1] 《论语·述而》，参见杨伯峻译注：《论语译注》，北京：中华书局，1980年，第67页。

[2] 《论语·述而》，参见杨伯峻译注：《论语译注》，北京：中华书局，1980年，第67页。

一种发自个体内心的非强制的自觉德行修为。"克己复礼为仁。一日克己复礼，天下归仁焉。为仁由己，而由人乎哉？"[1] 这里区分出两种不同的"为仁"情形：一种是"为仁由己"，另一种是"为仁由人"。"由人"就是任由别人支配似的被动状态，"由己"则是一种自主选择的状态。"由己"也就是主动地忧己，始终把自己的主体修养放在首位。孟子则倡导"养气"的重要性：

> "敢问夫子恶乎长？"
>
> 曰："我知言，我善养吾浩然之气。"
>
> "敢问何谓浩然之气？"
>
> 曰："难言也。其为气也，至大至刚，以直养而无害，则塞于天地之间。其为气也，配义与道；无是，馁也。是集义所生者，非义袭而取之也。行有不慊于心，则馁矣。我故曰，告子未尝知义，以其外之也。必有事焉，而勿正，心勿忘，勿助长也。"[2]

---

[1] 《论语 · 颜渊》，参见杨伯峻译注：《论语译注》，北京：中华书局，1980年，第123页。

[2] 《孟子 · 公孙丑章句上》，参见杨伯峻译注：《孟子译注》，北京：中华书局，2012年，第65页。

这表明，仁爱与正义之心都是需要主动去涵养的。不能把它看作心外之物，而是视为心内之物去加以涵养，当然也不要有特定的功利目的，而是时刻记住它，按照它本身的规律去培养、生长，而不是违反这种规律去助长。如此一来，在内是涵养本心，向外是化于言行，构成内养与外行的统一。

同样的忧己之思，在道家那里则表现为主体的以“无欲”为核心的自我涵养。“故圣人云：‘我无为，而民自化；我好静，而民自正；我无事，而民自富；我无欲，而民自朴。’”老子设想的有道之人，应当能够自觉达成这样的以“无欲”为核心的忧己境界：我以无为方式而为时，人民就能自我化淳；我喜好宁静时，人民就能自然上正道；我不扰民时，人民就能自然富足；我无贪欲时，人民就能自然朴实。[1]这里对于“三无一好”即“无为”“好静”“无事”“无欲”的主体修为的规范，以及“四自”即“民自化”“民自正”“民自富”“民自朴”的社会治理境界的分析，都集中体现出与文化共同性好尚相反的文化异质

[1] 《老子·五十七章》，参见陈鼓应注释：《老子今注今译》（参照简帛本最新修订版），北京：商务印书馆，2006年，第280页。

性思维：主体的自觉的“三无一好”，反倒能够换来人民的“四自”，即自然地回归于人间正道的结果。他进一步提出“虚其心，实其腹，弱其志，强其骨”的主体修为要求，即做到个体心灵开阔宁静，生活安饱，意志柔韧，体魄强健，认为这样才能“常使民无知无欲。使夫智者不敢为也，为无为，则无不治。”也就是使得民众没有伪诈心智、争盗欲念，自作聪明者也不敢恣意妄为，以这样的无为方式行事，就没有治理不好的。[1]可见，老子的忧己之思，还是集中到自我修为上：只要“圣人”即有道之人能够以身作则地示范，民众就能够效法“圣人”而自觉地展开个体修为，也变得“无知无欲”及“无为”，从而达到天下大治的社会治理目标。

这样，按照中国传统，当主体自身完成了修为，如儒家的德行修养和道家的“无欲”等，文化共同性所遭受的毁坏才可能复归于正道（儒家之礼乐精神和道家之“无为而治”），文化异质性蕴含的正当性也才可能演变成为现实。显然，在中国传统中，以主体的修为为社会治

---

❶ 《老子·三章》，参见陈鼓应注释：《老子今注今译》（参照简帛本最新修订版），北京：商务印书馆，2006 年，第 86 页。

理的先决条件的忧己律，是始终把自我修养放在首位的。

3. 先忧律

忧异及忧己，换个角度看，也就是从时间维度上看，本身就有着忧虑展开的先后顺序问题。儒家设想的“君子”之修身，须着眼于人的整个一生的前瞻性自我人格完善设计。前瞻，意味着个体的忧患应当是先于具体思维和言行的，甚至就是与生俱来的指向未来的未然预构。真正的儒者或“君子”应当着眼于先在地忧患尚未到来的未来。先忧律，是指个体将有关文化异质性因素的忧虑以及对自我修为的忧虑都置于优先地位，并且置于全天下之先。也就是说，先忧律要求个体既抢在天下人之先去忧虑天下安宁及自我修为，又延滞到天下人都有可能享受之后才去寻求自我享受。范仲淹铭刻于岳阳楼上的有关“先天下之忧而忧，后天下之乐而乐”的宣言，通过文学想象的代代相传之功，早已深嵌入中国人文化心理深层结构之中。其实，面对普天下人不可能人人都臻于享乐之境的现实，这样的说法实际上等于是要求“君子”一生都不能把自我享受列为目标，而只能把彻底的“忧患”思维坚持到底，直到个体人生的终点。

在孔子的思想中，可以看到有关先忧律的富于远见卓识的清晰预设。“人无远虑，必有近忧。”[1]他要求儒者不能只顾眼前短浅实利，而务必心忧长远，所以对自己的一生要早做设计和安排。“儒有今人以居，古人以稽；今世行之，后世以为楷。若不逢世，上所不受，下所不推，谗谄之民有比党而危之，身可危也，其志不可夺也；虽危犹起居，竟身其志，乃不忘百姓之病也。其忧思有如此者。”[2]儒者的长远之忧应当表现在，他对自己从来都有远比任何人严格的自我要求，即以古人高标准来严格要求自己，一心一意地甘愿成为后世的楷模。这种将自己的今世作为（“今世行之”）有远见地提前设计成“后世”典范（“后世以为楷”）之忧，正揭示了这种先忧律的重要意义。为了达成这一目标，儒者即便生不逢时，身体遭受危害，这种远大志向也不可剥夺。就是在日常生活中遭遇困顿时，仍要全力伸展原初志向，并不忘百姓之苦。有长远之忧者正应当如此。

---

❶《论语·卫灵公》，参见杨伯峻译注：《论语译注》，北京：中华书局，1980年，第164页。

❷《孔子家语》，王国轩、王秀梅译注，北京：中华书局，2011年，第42页。

而孟子的如下一段话，至今仍是理解儒家的先忧律思想的至理名言：

> 舜发于畎亩之中，傅说举于版筑之间，胶鬲举于鱼盐之中，管夷吾举于士，孙叔敖举于海，百里奚举于市。故天将降大任于是人也，必先苦其心志，劳其筋骨，饿其体肤，空乏其身，行拂乱其所为，所以动心忍性，曾益其所不能。人恒过，然后能改；困于心，衡于虑，而后作；征于色，发于声，而后喻。入则无法家拂士，出则无敌国外患者，国恒亡。然后知生于忧患，而死于安乐也。[1]

与孔子主要从主体修养出发阐述先忧律稍有不同的是，孟子选择从“天”之“意志”的角度去阐释先忧律思想。他通过对舜、傅说、胶鬲、管仲、孙叔敖、百里奚六人的卑贱或穷困经历先于其“大任”业绩的故事的独特叙述，阐明了“生于忧患而死于安乐”的道理。他

[1] 《孟子·告子章句下》，参见杨伯峻译注：《孟子译注》，北京：中华书局，2012年，第327页。

还特别用“天将降大任于是人……”的句式强调，“先忧”并非仅仅出于主体的自觉行为本身，而是根本上来自“天”的权威意志的终极控制力。这就是说，在先忧律中，虽然主体的自觉修养十分重要，但根本上还是“天”或“天命”的意志在掌控。这就把儒者主体的“先忧”思维，转化成了客观化的天命或天意支配的作用，尽管他同时仍然主张主体自身的主动修养的重要性。

可以说，孟子在先忧律思想中的特别建树在于，为儒者的“先忧”思维或情结的自觉修养提供了客观化的天命观的有力支撑，从而增强了先忧律的权威性、可信度和感召力。

4. 忧奇律

忧奇律，是指对于文化异质性中的奇特因素的忧虑，包括对同一文化内和对异文化中的奇特因素的忧虑。按照中国传统，奇的价值不能单独考察，即不能单方面衡量“奇”的价值，而需要把它与“正”放在一起进行通盘观察，形成奇与正之间的和谐交融。这样，忧奇律就具有奇正通观的性质了，故或可称奇正通观律。在跨文化学中，忧奇律意在揭示，奇不应只是正的次要的补充，而应具有同等而又相偕相生的地位。这是因为，鉴于实际的文化现代性进程中作用和副作用的复杂性，你终究无法先验地或先知先觉地预测到底是庄正还是奇特因素在某个特定时段实际中起到积极的作用。

奇，在中国文化传统中历来受到重视，但具体分析情况并不一致。奇，是会意字，从大、从可，表示大为肯定的东西即是奇特的。它有几个基本含义：一是少见、特殊或珍稀的，如奇人、稀奇；二是出人意料的，如奇计、奇袭；三是惊异，如惊奇。如果说，异更多地是指文化过程中的反常的、非一般的因素，那么，奇更多地是指文化中的不仅反常的和非一般的，而且还同时是珍稀的、令人惊异而又加以肯定的因素。这表明，奇具有超出一般品质的更特殊且更令人珍视的积极价值。

早在先秦，奇的作用就在与正的关联中被重视和探讨。《老子》第五十七章有“以正治国，以奇用兵”的主张，以清静之道治国，以诡奇方法用兵。其第五十八章又说：“正复为奇，善复为妖。”正忽而变邪，善忽而转变为恶。[1]《孙子 · 势篇》论及“奇正相生”的兵法：“凡战者，以正合，以奇胜。……战势不过奇正。奇正之变，不可胜穷也。奇正相生，如环之无端，孰能穷之？”主张作战时以“正”兵阻截正面之敌，而以“奇”兵曲折取胜。这种作战形式在于“奇”“正”间关系之巧妙组合，展现“奇”“正”间关系形态之变化无穷，“奇”“正”间关系可以相互转化和相互生成。[2]这些奇正关系思想的一个着眼点在于，必须认真处理奇的作用，特别是奇对正的出奇制胜的作用。反之，假如奇的作用处理不当，就会严重影响正的作用。这就开始形成忧奇情结传统，对后来思考艺术及文化中的奇正关系提供了思想原型。

在魏晋时期，随着“文的自觉”的思潮兴起和普及，这种忧奇之思逐渐地被广泛引进文学艺术的理论与批评活动中。刘勰明确地认识到，文学或文章必须严肃处理正与奇的关系，而这正是文学或文章成败的关键环节之

---

[1] 参见陈鼓应：《老子今注今译》（参照简帛本最新修订版），北京：商务印书馆，2006 年，第 282、286 页。

[2] 参见郭化若：《孙子兵法译注》，上海：上海古籍出版社，2012 年，第 35 页。

一。在《文心雕龙》中，可以看到这样的表述："奇正虽反""辞反正为奇""逐奇而失正"等，他还把"观奇正"列为品评文章"优劣"之"六观"之一。他要求首先妥善安置正的地位："故知言正所以立辩，体要所以成辞；辞成无好异之尤，辩立有断章之义。虽精义曲微，无伤其正言；微辞婉晦，不害其体要。体要与微辞偕通，正言共精义并用；圣人之文章，亦可见矣。"[1] 在这里，"言正"或"正言"作为简明而准确的语言形式，正是"圣人"思想赖以创造和表达的有力手段。正的地位确立了，奇的作用才能得到妥善安置。

有了这样有关"奇"的理论自觉，人们对"奇"在文化中的作用的认识得以明晰和提升，诸如《离骚》、《世说新语》、陶潜、李贺、柳宗元、《聊斋志异》等带有奇闻异事或奇异特点的诗人、作家、作品等，受到了正视或重视，有的还被视为文化、美学中的积极力量。

具体地看，在历代人们的探讨中，奇对于正的作用有大致三种情况：

---

[1] 〔南朝梁〕刘勰：《文心雕龙·隐秀》，《文心雕龙注》上册，范文澜注，人民文学出版社 1958 年版，第 16 页。

一是以奇辅正。奇的作用在于辅助正。这里在肯定正具有主导地位的前提下，把奇列在次要的和辅助的地位。这与忽视或否定奇的作用相比，已算是一种进步了。不过，还是要把奇置于正的规范之下。《文心雕龙 · 序志》的主张是："本乎道，师乎圣，体乎经，酌乎纬，变乎骚，文之枢纽，亦云极矣。"[1]这里从儒家正统观念出发，强调以圣人之"经"为"正"，把"征圣"和"宗经"作为衡量文学的首要标尺即"正"的依据，而把"酌乎纬，变乎骚"等视为"奇"而列在次要或辅助地位。刘勰专门辟有专章《辨骚》而为楚骚翻案，从而为"奇"的地位作了有力的辩护："奇文郁起，其《离骚》哉！"他明确地把《离骚》列为"奇文"去看待，并指认其一方面融化了圣人经典的旨意，另一方面又进行了自主性创造："虽取熔经旨，亦自铸伟辞。……故能气往轹古，辞来切今，惊采绝艳，难与并能。"这里的"惊采绝艳，难与并能"八个字表明，在刘勰眼里，"奇文"也如"正文"一样完全可以抵达文学高峰。而他对"奇文"

---

[1] 〔南朝梁〕刘勰：《文心雕龙 · 序志》，《文心雕龙注》下册，范文澜注，人民文学出版社 1958 年版，第 727 页。

的评价标准，其实还是来自对“正”的维护：“酌奇而不失其真，玩华而不坠其实。”[1]他的想象是，要像《离骚》那样奇伟瑰丽，但又没丧失《诗经》般的雅正风范；既有《楚辞》般的词语华美，又能体现圣人经典之朴实沉稳。这一切，正符合《文心雕龙·定势》中提出的“执正以驭奇”[2]这一总要求，也就是以正驭奇，即以正导奇，以奇辅正。

二是奇正反通。这里虽然承认奇与正的性质和特点是相反的，但又强调两者间相反而又兼通的特点。奇不只是被视为正的辅助或从属的因素，而是具有与正同等的地位，并且还可与奇实现相互交融。这一点在中国文化传统中历来是一件难以平衡的难事。即便是刘勰，虽在《文心雕龙》中反复论证和考量，也终究没能在正奇交融上提出一条真正合理可行之方略。不过，他还是在《定势》中留下这样的思考印迹：“奇正虽反，必兼解以

---

[1] 〔南朝梁〕刘勰：《文心雕龙·辨骚》，《文心雕龙注》上册，范文澜注，人民文学出版社 1958 年版，第 45—48 页。

[2] 〔南朝梁〕刘勰：《文心雕龙·定势》，《文心雕龙注》下册，范文澜注，人民文学出版社 1958 年版，第 531 页。

俱通；刚柔虽殊，必随时而适用。”[1]他似乎想适当淡化“正”“奇”之间的过于固执的主从地位划分，而宁愿看到它们之间虽然相反但又相互融会贯通的平等关系，正像“刚”“柔”之间看起来地位悬殊，却能根据具体情形之不同而合理运用一样。

三是奇趣合道。随着奇的作用在文学艺术和文化中越来越突出，人们逐渐意识到，奇其实具有不依赖于正而独立存在的美学与文化价值。奇趣合道，就是指这样一种认识，即奇的趣味其实可以独立地与道相通并且契合于道的规范，而不必非接受正的引导不可。苏轼在《书唐氏六家书后》说：“观陶彭泽诗，初若散缓不收，反复不已，乃识其奇趣。”[2]他还不止一次用“奇趣”评价陶诗：

> 东坡曰：渊明诗初看若散缓，熟读有奇趣。如曰：“日暮巾柴车，路暗光已夕。归人望烟火，稚子

---

❶〔南朝梁〕刘勰：《文心雕龙 · 定势》，《文心雕龙注》下册，范文澜注，人民文学出版社 1958 年版，第 530 页。

❷〔宋〕苏轼：《书唐氏六家书后》，《苏轼文集》第五册，孔凡礼点校，北京：中华书局，1986 年，第 2206 页。

> 候檐隙。”又曰：“采菊东篱下，悠然见南山。”又曰：“蔼蔼远人村，依依墟里烟。犬吠深巷中，鸡鸣桑树颠。”才高意远，造语精到如此，如大匠运斤，无斧凿痕，不知者疲精力至死不悟。[1]

显然，在苏轼看来，陶诗之“奇趣”在于，平常的语言中却蕴含着一种巧妙，“如大匠运斤，无斧凿痕”才能达到的“才高意远，造语精到”的境界。他还曾以“奇趣”去评论柳宗元的《渔翁》诗。该诗这样写道：

> 渔翁夜傍西岩宿，晓汲清湘燃楚竹。
> 烟销日出不见人，欸乃一声山水绿。
> 回看天际下中流，岩上无心云相逐。

这首诗先写“渔翁”从夜晚（“夜傍西岩宿”）到清晨（“晓汲清湘燃楚竹”）的生活情态，接着写烟消日出而无人的宁静中骤然响起“欸乃”的声音（喊声或划桨

---

[1] 〔宋〕魏庆之：《诗人玉屑》上，王仲闻点校，北京：中华书局，2007年，第294页。

声），才不由得让人一下子瞥见山青水绿的美妙，最后写“回看”时渔翁早已划船行至中流了，只留下山岩上白云无心而相戏追逐的镜头。苏轼对这首诗的评点是这样的：“诗以奇趣为宗，反常合道为趣，熟味此诗有奇趣，然其尾两句，虽不必亦可。”❶

苏轼在这里直接论述了自己的美学主张：好诗就是要以奇的趣味为宗旨。有奇趣的诗句，往往表面看似反常，但实际上会自动契合于道，这才让诗有着奇特趣味。这里记载的苏轼观点，可以反映一种美学与文化上的进步：奇不必仅仅作为正的次要辅助因素才成立了，而是完全可以拥有独立的美学价值与文化价值。奇的价值，不在于它能够打破常规，出奇制胜地维护或证明正的权威，而在于它本身就内在地通向和契合于正（道），只不过它的表达方式显得“反常”而已。以“反常”为标志的异文化或文化异质性因素本身就是通向和契合于正或道的文化力量。

---

❶〔宋〕苏轼：《书柳子厚渔翁诗》，《苏轼文集》第六册，孔凡礼点校，北京：中华书局，1986年，第2552页。又见〔宋〕惠洪《冷斋夜话》卷五，据张伯伟编校：《稀见本宋人诗话四种》，南京：江苏古籍出版社，2002年，第50–51页。

四、文忧的文艺文本呈现

要深入探测文化异忧的情形，可以选择的文本种类颇为丰富，例如哲学文本、史学文本、伦理学文本、人类学文本等，它们可以分别呈现文化异忧的不同侧面或维度，但这里暂且还是以笔者相对熟悉的文艺文本为例（其他文本同样重要），因为文艺文本能够以“镜子”或“灯”等方式向人们展示文化异忧的活生生的感性形象。文忧的文学艺术文本历史悠久，种类繁多，成就斐然，都是以异文化或文化异质性因素崭露头角的。

在西方，更早的不必说，文艺复兴时期的欧洲就出现了复兴一度湮没无闻的古希腊罗马文化的新异潮流，以及面向民间文化加以吸纳的自觉举动，这些都为当时的正统文化发展或更新带来一股新颖的异文化资源。这样的跨文化接触有力地搅动起文艺复兴艺术潮，涌现出了达·芬奇、米开朗基罗、拉斐尔、拉伯雷、莎士比亚等艺术“巨人”。拉伯雷《巨人传》中的“巨人”故事，就同民间传说中的奇闻奇事具有紧密的联系。莎士比亚作品中的底层文化元素如“那时的五光十色的平民社会”[1]画卷，则更是异常丰富多样。这些艺术品的创生，很大程度上得益于对被排斥或忽视的文化异质性因素或异文化的开放和吸纳。可以说，“巨人”艺术家们是怀着深厚的文忧情结，精心创造了文艺复兴艺术高峰的。

其实，不仅文艺复兴时期的艺术家如此，文学艺术史上大凡优秀的艺术家，都会自觉或不自觉地从异文化或文化异质性因素中吸纳个性想象力需要的精神滋养：歌德以“世界文学”的宽阔胸襟和远见卓识，敢于包容各种异文化因素；陀思妥耶夫斯基对“地下人”的先知先觉和深入挖掘；普鲁斯特和乔伊斯各自对此前文学中被忽略或压抑的个体“意识流”的精妙捕捉；卡夫卡笔下普通个人的孤独感和异化境遇体验；塞尚对现代艺术的大胆开拓；高更对塔希提岛文化元素的吸取；福克纳的创作受到南方传统的长期熏陶……其实质都与对异文化或文化异质性因素的体验、想象、反思等紧密相关。

在中国，历代都有文学家、艺术家在忧异情结驱动下展开自己的艺术创造。屈原《离骚》中的神话原型、

---

[1] [德]恩格斯：《致斐迪南·拉萨尔》(1859年5月18日)，《马克思恩格斯文集》第10卷，北京：人民出版社，2009年，第176页。

民间文化想象等一度被视为异端因素而遭到排斥，但后来受到《淮南子》《文心雕龙》等的肯定。《世说新语》所载名士逸闻奇事，李白诗歌的浪漫精神，李贺诗歌对神仙鬼魅的想象，韩柳诗文中的新奇因素，前引苏轼的“奇趣”理论，《红楼梦》对《西厢记》等“异端邪说”的肯定，《聊斋志异》让神怪妖狐成为被礼赞的主人公，如此等等，都可以让人感受到中国文艺史上忧异传统的传承性。

在文化现代性进程中，出于自身文化发展的需要，面对来自西方的异文化潮流的强势影响力和中国传统自身的复兴冲动，中国艺术创造了新的艺术形象。小说《狂人日记》（1918）中的“狂人”就凝聚了鲁迅对中国文化现代性中的异质性元素的体验和反思。一方面，“狂人”其人是充满敌意的现实生活环境中的一个“异数”“另类”，几乎所有的人都拿他当疯子而不当正常人看待；另一方面，他看周围的人和事也都带着同样的另类视角或敌对眼光，把周围的人都视为迫害自己的共同敌人。“古来时常吃人，我也还记得，可是不甚清楚。我翻开历史一查，这历史没有年代，歪歪斜斜的每叶上都写著‘仁义道德’几个字。我横竖睡不著，仔细看了半夜，才从字缝里看出字来，满本都写着两个字是‘吃人’！”[1]正是在神经兮兮、颠三倒四、胡言乱语的“狂人”那里，作为公认的文化共同性好尚之基本价值观的“仁义道德”，竟然被相反地读解为自我解构或颠覆的“吃人”两个字。从表层结构中的“仁义道德”义项被深挖出与之形成解构或对抗因素的深层结构“吃人”义项可知，重要的不再是“仁义道德”这组正统价值规范本身在中国古代社会是否合理，而是它在现代中国本文化与西方异文化相接触的新境遇中是否已经丧失掉原有的那种合理性和权威，从而转化成自身的对立面或反面；同理，重要的不再是因“仁义道德”规范的存在而轻易把作为其副作用而存在的“吃人”这一异质性传统遗忘掉，而是应当重新反思两者之间的“间性”关系。这样做的结果在于，一种“奇”与“异”的风格，也就是因与异文化因素相交融而产生出独特的修辞效果，得以创造成功。茅盾后来回忆说：“这奇文中的冷隽的句子，挺峭的文调，对照着那含蓄半吐的意义，和淡淡的象征主

---

[1] 鲁迅：《狂人日记》，《鲁迅全集》第 1 卷，北京：人民文学出版社，2005 年，第 447 页。

义的色彩，便构成了异样的风格，使人一见就感着不可言喻的悲哀的愉快。”[1]这样，“狂人”形象以其独特的“奇文”及“异样”风格，轻易地拆解了现代文化共同性幻象，显出了异文化或文化异质性的实在性和重要性。

“狂人”这个语言艺术形象的出现，其修辞功能不在于否定中国文化现代性进程中文化共同性目标的确切性，而在于质疑这种文化共同性目标在新的现代性境遇中的虚幻性和不切实际性，即不是要简单地否定文化共同性本身，而是发出警示，要求更多地关注文化共同性之被变异或扭曲为文化异质性时的现实境遇之究竟。

阿来的《尘埃落定》中的傻子少爷，虽然看起来智商低于常人，语言能力和其他行为能力都偏弱，但有着超常的未来洞察力和预言能力，在几次重大变故前夕总是能够提前预判地制定合理举措而逢凶化吉，转危为安。这样的傻子形象不能不说同《狂人日记》中的疯子形象之间存在着一种代际传承关系，两者一道构成了中国现代文学的一种传统风景。

---

[1] 茅盾：《读〈呐喊〉》，《茅盾散文》（二），贾亭、纪恩编，北京：中国广播电视出版社，1995年，第93-94页。

当前探讨跨文化学中的文化异忧问题有着必要性。特别是正在致力于实现中华民族文化复兴的中国本文化面对异文化时如何应对有方，确需认真考量。从上面有关文化异忧的初步考察可知，各种异文化要素例如内部文化异质性要素、外来异文化和正转化为反面的本文化要素等都包含着多重可能性，既可能成为本文化实现自我变革或革命的正面的或积极的力量，也可能成为其反面的或消极的力量，还可能成为介乎两者之间的中间摇摆力量，以及其他更加错综复杂的情形。无论如何，对于这些不同的异文化现象，始终自觉地保持文化异忧态度，无疑十分必要。正如前面有关忧异律、忧己律、先忧律和忧奇律等所分析的那样，本文化自觉地以文化异忧的态度，事先做好应对各种异文化挑战的多重预备和筹划，必然有利于自身的文化复兴战略的具体实现。在这过程中，主动地和千方百计地将各种异文化要素化为积极的变革力量，恰是本文化通向文化复兴目标的智慧之道。这样做显然可以大大减少发展所不得不支付的那些不必要的文化代价，让本文化的文化复兴未来早日变为体现自身理想愿景的现实。

第三章

文　涵

文涵，是文化间涵的简称，属于跨文化学诸多要素中的处在中心位置的要素，也是居间及中介位置的核心要素，是指文化现代性进程中本文化与异文化的间性关系及导致文化变迁的涵濡过程。

一、文化间性

在文化间涵即文涵过程中，文化间性是指这样一种情形：本文化当其与异文化发生接触时，会在双方接触地带出现一种居间的相互跨越或横越过程。这里的间字，字形如两扇门之间的状况，有中间、之间、缝隙等意思。正像任何两扇门之间必有缝隙或间隔一样，文化与异文化的接触总是存在一段或长或短的相互横越的中介距离，显示两者之间的相互差异的、而又相互依存的关系。说文化是间性的，是表明本文化与异文化之间从来就不可能是无缝连接的，也不可能是相互同一的，而是存在或大或小的间隔、间距或离间关系的。

这种文化间相互差异而又相互依存的间性关系，也可以从胡塞尔的“主体间性”（intersubjectivitaet，或译交互主体性），以及克里斯蒂娃的“文本间性”（intertextualité，或译互文性）理论去理解。

在后期胡塞尔（Edmund Gustav Albrecht Husserl，1859—1938）看来，人的存在都是“主体间性”（或“交互主体性”）的，即每个个体都是该个体与其他个体之间的存在关联构成的，是“我”与“我们”“他们”之间的关系等构成的。他此前所探讨的纯粹意识及其相关物属于一种“先验的自我论”，此刻需要进展到先验的主体间性理论，从而朝向一门完整的先验现象学的建立。这样，按照主体间性理论，要理解个体的存在，不能仅仅理解其本身，而需要从其与他者间的关系来认识。他本身就是由他与他者间的关系构成的。个体不能仅仅凭自己定义自己，而必须借助于他者的镜子式照鉴。假如没有他者这面镜子，他就无法定义或照鉴自身。

按照胡塞尔的观点，人的存在具有“主体间性”。这是一种从与他者存在的相互关系而反过来界定自我的存在的独特思路，从而让他者深深地和从本质上介入自我的主体性建构之中。这表明，自我的主体性存在始终与他者的存在紧密关涉而不离分。就人的主体间性的构造而言，可以看到下列三个层面：第一层为他者层面。这是与我发生关联的其他人的构造层面。这是从我的本己存在（即作为原本自我的我）中排除掉所有属于自我的元素后的那个其他构造层。这一点其实只是一种理论上的假定，因为在现实中，自我以外的任何他者说到底都是与我发生密切联系的我的那个他者，从而不再是他者本身而是我的他者。第二层为我者层面。这是我自己的同一个世界。这也是一种理论上的假定，假定存在着排除掉所有他者元素的独立的我者。第三层为单子群体。这是说每个人终究是相互孤绝的、难以融合的个体。当原子与原子之间终究可以实现化合或融合时，单子与单子之间虽然可以合作或协作，但终究无法实现化合或融合，也就是虽然可以聚集起来，但无法实现相互认同或达成同一性。

这里首先需要理解第一个层面的构造意义：

> 那个自在最先的陌生者（那个最先的非自我）就是其他的我。而且，陌生者有可能构造一个新的无限的陌生者的领域，即所有陌生者的自我和我自己都包括其中的客观自然和整个客观世界。为我的其他人并不是唯一保存下来的东西。相反（当然在我本己性范围内），包括我自己在内的我 - 群体（Ich-Gemeinschaft）作为一个相互依存而实存的我构造出来。[1]

注意，这个他者绝不是简单地从他者本身去定义的，而是特别地从我的角度去定义的，也就是从与我发生接触的角度去看待他者的，从而他者就被视为我的不可分割的组成部分，也就是其他的我，相当于另一个我。他者即另一个我。这就把他者与我的本体性存在关系揭示出来。可见，胡塞尔的“主体间性”概念首先意味着，

[1] [德] 胡塞尔：《〈笛卡尔的沉思〉第五沉思》，《胡塞尔选集》下，上海：上海三联书店，1997 年，第 893-894 页。

把他者不是简单地定义成与我无关的自在的他者本身，而是定义成为我而存在的存在，也就是与我的存在紧密相连的其他的我。由此观点看待本文化与异文化的关系可知，正像个人只有通过与其他个人的区分才能辨析出自我一样，每一种本文化都是由于异文化的镜子式存在才得以返身确认自我，从而才成其为自身的。异文化，实质上就是本文化的另一个我，是其他的本文化。从这种观点考察跨文化学中的异文化可知，在文化现代性进程中，异文化的存在之于本文化，本身就具有一种不可回避的积极价值，无论本文化本身承认或喜欢与否。难怪爱德华·霍尔也认为："了解自己和了解他人是密切相关的两个过程。若要了解自己，你必须要了解他人，反之亦然。"[1] 相比而言，爱德华·霍尔还只是从"了解自己和了解他人"去认识的，而胡塞尔则是强调，无论你是否想到去"了解"他者，你的主体性中早已内在地拥有了他者的存在构造。

第二个层面即我，是始终与他者有着接触的本己的

[1] [美] 爱德华·霍尔：《超越文化》，何道宽译，北京：北京大学出版社，2010年，第63页。

我，与他者不断地展开对话的我，依赖于他者的镜子式存在才能看清自我的我。这就把我的存在对于他者的存在论上的依赖关系充分地揭示了出来。由此看，正如我始终依赖于与他者的照鉴才能得到确证一样，本文化的存在本身就具有一种缺失感或依赖于异文化的存在而存在特性，也即只有依赖于异文化与自我的接触和照鉴，才能真正确证自我。如此，本文化本身就具有对于异文化的缺失症或依赖症。

至于第三个层面，当前面两个层面明确之后，其情形也就顺理成章地明朗起来：单子与单子之间不可能像原子与原子那样走向相互融合或认同，而只能走向相互聚集或并存。与相互融合或认同是指可以实现同一性目标不同，相互聚集或并存只能保持一种相互间求同存异的平等接触与对话关系。如此看，本文化与异文化之间虽然发生了这样或那样的接触，但总是存在或远或近的间隔或间距，出现持久的相互横跨而又无法通向彼岸的类似始终横骑的状况，而不可能走向真正的同一性关系。在文化现代性进程中，无论如何亲密无间的本文化与异文化间关系，说到底都是彼此有间或有间隔的。假如不了解这一点，就必然会迷失在文化共同性幻象的蛊惑之中而无法自拔。

这样，按照胡塞尔的主体间性理论，每一个人都注定了是具备主体间性的人，也就是在与众多主体共同交织成的多样而复杂的关系场中被定义的人：

在人的群体意义上，在人——他即使是单个的，也本身具有群体成员的意义（那种可以转换成动物的社会性的东西）——的意义上，这意味着一种彼此为对方的相互存在……。这种彼此为对方的相互存在造成我的此在与所有其他人的此在的客观化的平等。就是说，我和任何人都是作为在其他人中的一个人。……正如他躯体的身体存在于我的感知领域一样，我躯体的身体也存在于他的感知领域中。而且一般地说，他马上把我经验为对他来说的其他人，就像我把他经验为对我来说的其他人一样。同样地，我将发现，就更多的人来说，他们也相互把对方经验为其他的人。此外，我不仅能够把任何其他人经验为其他人，而且把他经验为与他自己的其他人有关的，或许在可重复推想的可沟通性中也同时与我有关的其他人。人将只能是——不仅在现实性中，而且根据本己的意愿同样在可能性中——统觉为其他人和再次遭遇的其他人。[1]

这里，人的主体间性表现在，他的存在不仅与其他人的存在有着直接的关联，而且还通过其他人与他们的其他人，以及他们的其他人与其再遭遇的其他人等之间的关系，共同编织起一个直接与间接、显在与隐在的纵横交错的复杂人际关系网络。一句话，人就是时时处处都与他者、与异常之物之间共同组成复杂联系的人。

不妨就认识一种民族文化的途径而言，将“主体间性”理论同黑格尔哲学做一点简要比较。按照黑格尔的现象与本质间关系模型，认识一种文化不能仅仅看其外在形式或外观，而是要透过其外观看到其真正的深层精神本质，或者说干脆忽略其民族特征外表的假象迷惑而直接抓取其以政治关系、经济关系、宗教关系等的理念为标志的时代精神或民族精神等本质。因为，只有位居深层的精神本质才是这种文化的真实状况。但在胡塞尔

[1] [德]胡塞尔：《〈笛卡尔的沉思〉第五沉思》，《胡塞尔选集》下册，上海：上海三联书店，1997年，第915–916页。

的“主体间性”观看来，认识一种文化不能局限于仅仅认识这种文化自身，而是要把它纳入与作为他者的异文化间的关联场域中去看待，通过异文化的照鉴而定义本文化本身，返回到本文化本身的本真状态去，让其平时被遮蔽的本真性得以敞开来。也只有通过与异文化的间性区分或照鉴，本文化才能界定自身，宛如真理自行发生一样获得澄明。

假如面对凡·高的油画农鞋，黑格尔和胡塞尔的弟子海德格尔会有不同的阐释（暂不讨论夏皮罗等对海德格尔的误读的批评[1]）。黑格尔从现象与本质间关系模型去分析，有可能会认为那双在收割后田地里茕茕孑立的旧鞋，本身并不要紧，要紧的是它能够让人想象其主人的孤独而艰辛的风雨人生，那是不停地辩证演化的绝对理念在这个个体人生中的艰难而富有意义的辩证颤动方式。那位孤独而艰辛的劳动者虽然承受着生存的巨大压力，但他在苦难人生中的坚韧意志仍然由此而释放出来，那应当是心灵的闪光。有所不同的是，运用胡塞尔独创

[1] 参见［美］夏皮罗：《艺术的理论与哲学：风格、艺术家和社会》，沈语冰、王玉冬译，南京：江苏凤凰美术出版社，2016年，第133–149页。

的现象学方法的海德格尔，会从那双鞋作为物的物性或器具性开始分析。鞋对它的主人来说是一个他者或他物、异常的存在，而对于它所屹立于其上的田地来说，也是陌生之物，从而与人之间存在一种间性，即距离性或缝隙性。但恰恰是这双有着间性的鞋，也即立足于“此在”而又跨越“此在”之物，能够在物的质料与人为的形式之间架设起一条新的联系的纽带。“在物之解释中，那种以质料与形式为引线的解释具有一种特殊的支配地位”。不妨从鞋的器具性中见出物的质料与形式的紧密关联所产生的指向其本真状态的特性。“器具这种存在者以一种特殊的方式靠近于人的表象，因为它是通过我们自己的制作而进入存在的。同时，这种以其存在而更显亲密的存在者，即器具，就在物与作品之间具有一个特别的中间地位。我们将循着这一暗示，首先寻找器具之器具因素。也许我们由此可以对物之物因素和作品之作品因素有所领悟。”[1] 接下来，海德格尔写下了广受注意的一段独出心裁的经典解读：

---

[1] [德] 海德格尔：《林中路》，孙周兴译，北京：商务印书馆，2015 年，第 18 页。

> 从鞋具磨损的内部那黑洞洞的敞口中，凝聚着劳动步履的艰辛。这硬邦邦、沉甸甸的破旧农鞋里，聚积着那寒风料峭中迈动在一望无际的永远单调的田垄上的步履的坚韧和滞缓。鞋皮上粘着湿润而肥沃的泥土。暮色降临，这双鞋底在田野小径上踽踽而行。在这鞋具里，回响着大地无声的召唤，显示着大地对成熟谷物的宁静馈赠，表征着大地在冬闲的荒芜田野里朦胧的冬眠。这器具浸透着对面包的稳靠性无怨无艾的焦虑，以及那战胜了贫困的无言喜悦，隐含着分娩阵痛时的哆嗦，死亡逼近时的战栗。这器具属于大地（Erde），它在农妇的世界（Welt）里得到保存。[1]

这段解读聚焦于这双破旧的鞋具与它的主人劳动者之间的间性关系，而劳动者正像鞋具屹立于田地之上一样，总是生存于“大地”之上。而这双鞋具，作为一种中介，敞开了它的主人与其所生存于其中的“大地”之间的间性联系：透过与劳动者的“劳动步履的艰辛”“分

---

[1] [德] 海德格尔：《林中路》，孙周兴译，北京：商务印书馆，2015 年，第 20 页。

娩阵痛时的哆嗦”“死亡逼近时的战栗”等主体状态紧密结合的鞋具状态，“大地”的本真状态终于自行敞开来。“这幅画道出了一切。走近这个作品，我们突然进入了另一个天地，其况味全然不同于我们惯常的存在。”画作对鞋具的描绘，让平时被遮蔽的他者得以开放出其本真状态。“艺术作品使我们懂得了鞋具实际上是什么。……通过这个作品，也只有在这个作品中，器具的器具存在才专门显露出来了。”这种显露的目的，在于让“大地”所蕴含的“真理”自行发生：“凡·高的油画揭开了这个器具即一双农鞋实际上是什么。这个存在者进入它的存在之无蔽之中。……在作品中，要是存在者是什么和存在者是如何被开启出来，也就有了作品中的真理的发生。”[1]艺术作品固然要表达“真理”，但这种表达与其说是将“真理”硬性塞入作品中，不如说是让“真理”按照自身的本真状态自行发生：“在艺术作品中，存在者之真理已经自行设置入作品中了。……一个存在者，一双农鞋，在作品中走进了它的存在的光亮中。存在者之存在进入

[1] [德]海德格尔：《林中路》，孙周兴译，北京：商务印书馆，2015年，第22–23页。

其闪耀的恒定中了。”正是通过这双鞋与“大地”之间的间性关联，艺术作品的本质敞亮开来。“艺术的本质或许就是：存在者的真理自行设置入作品。”[1]也就是说，这双鞋看起来是一个陌生的他者或贸然闯入者，但通过物质质料与形式之间的特定组合方式，成功地跨越平常的图像功能，清晰地还原出鞋的主人与“大地”之间本来就有但容易被遗忘的本真性联系。

由此看，胡塞尔的“主体间性”理论要求必须紧密借鉴异文化他者而认识本文化自我，正与跨文化学的精神相契合。跨文化学正是要求把异文化内在地引入本文化之中去观照，使之真正成为其他的我，也即其他的本文化。注意，异文化在跨文化学中不是被视为外在于本文化的东西，而是被视为其他的本文化看待的。

除了“主体间性”概念外，还可以参照法国学者朱莉娅·克里斯蒂娃（Julia Kristeva，1941—）依据巴赫金观点而提出的“文本间性”概念。她指出：

---

[1] [德]海德格尔：《林中路》，孙周兴译，北京：商务印书馆，2015年，第23页。

> 在文本的对话空间中，受话者仅仅作为话语本身而存在。它融入与作者本人的书写形成对照的他话语（他文本）；于是，横向轴（主体—读者）和纵向轴（文本—语境）汇聚一处共同揭示一个重要的事实：即每一个语词（文本）都是词语与词语（文本与文本）的交汇；在那里，至少有一个他语词（他文本）在交汇处被读出。……任何文本的建构都是引言的镶嵌组合；任何文本都是对其他文本的吸收与转化。从而，互文性（intertextualité）概念取代主体间性概念而确立，诗性语言至少能够被双重（double）解读。[1]

她说的是文本与其他众多文本间的横轴与纵轴的交集关联情形。在这个纵横交集的关联场域中，一个文本是无法脱离与其他文本的关联而孤立存在的，其不得不与其他众多文本相互共处、相互共生。假如脱离了与其他文本之间的"吸收与转化"关系，这个文本也就无法定义自身了。可见，任何一种文本都是对此前或周围其

[1] [法] 克里斯蒂娃：《词语、对话和小说》，《符号学：符义分析探索集》，史忠义等译，上海：复旦大学出版社，2015 年，第 87 页。

他文本的自觉或不自觉、有意或无意的吸收和转化的结果，从而无法与其他文本完全彻底地区分开来。这样，文本在其实质上就是文本间性的。

以这种“文本间性”理论考察跨文化学的文化间性可知，本文化在其实质上就是与异文化不可分割地相互关联着的，也就是对异文化的“吸收与转化”的结果，从而在其本体上（如果有的话）就高度依赖于异文化的存在，并且与异文化之间存在无可回避的实质性联系。

在经过“主体间性”和“文本间性”的综合考察后，回头来看文化间性，可以更加明确地认识到，本文化与异文化间的关系是有间隔而又相互依存的，也即既是相互差异的又是相互共生的，两者之间虽有差异但无法分割。这里，不妨顺着查尔斯·皮尔斯（Charles Sanders Peirce，1839—1914）有关“怀疑”与“信念”的循环共同构成知识“探究”的路径检验文化间性的内涵和特点。他指出：“怀疑是一种不安宁的和不满足的状态，我们力求使自己摆脱这种状态而进入信念的状态。信念是一种安宁和满足的状态，……我们固执地坚持这种信念，不仅是相信，而且是恰恰相信我们的确相信的事物。”同时，当从“怀疑”出发而奋力奔向“信念”并且确实建立起新

"信念"时，就会完成新知识的"探究"任务："怀疑促使人们为进入信念状态而进行拼搏（straggle），我们把这种拼搏称为探索（inquiry）。"[1]这表明，新知识的"探究"过程是由两种状态的联合和循环构成的：一种状态是"怀疑"，由此而对现有知识体系生出不满足的焦虑，从而开始新知识的寻找过程。另一种状态是"信念"，就是经过怀疑中的寻找，确实找到了新的确定信念，从而完成一次"探究"，这种过程会循环下去。

由此观察文化间性，可以见出其有着下列几层含义：

第一层，文化间因异生疑。本文化与异文化之间由于互有差异而必然产生怀疑，由怀疑而发现相互之间存在难以化解的缝隙、间隔，从而明确承认相互之间有着差异或异质属性。其结果是意识到，每种文化之所以能被称为独立的文化形态，正是由于它与其他的异文化之间存在着一种只有依赖于对方的存在才能识别自身的特性。

第二层，文化间因疑见依。这是指随着怀疑过程的

---

[1] ［美］皮尔斯：《信念的确定》，涂纪亮编：《皮尔斯文选》，涂纪亮、周兆平译，北京：社会科学文献出版社，2006年，第72、73页。

持续，确信如下事实：本文化与异文化之间竟然是相互定义和依存的，舍他而无法明我，没有他者就无法确认自我，也就是相互间其实是不得不相互依存的。

第三层，文化间因依辨异。这是指由于见出相互依存状况，反过来更清晰地辨析出相互差异或相互异质的不可更改性。这就导向新的确定性信念的建立。

第四，文化间确信互异。这是指通过怀疑而抵达新的信念确定之境：本文化与异文化之间确信无疑的是相互异质的。这表明，本文化与异文化之间虽然不同却又相互依存，但终究不会完全融合或同一。正像单子与单子之间相聚而不相融一样，它们之间各行其道，各保有其长短，不能简单地倚强凌弱，更不能以正义名义将对方列为异端而消灭之。

这样，文化间性是指本文化与异文化之间的既相互差异又相互依存但终究不会相互同一的关联状况。

二、文化涵濡

在文化间涵即文涵中，文化涵濡与文化间性之间是相互交融的过程，或者是同一过程的不同侧面，很难真正分拆开来，这里分开来说只是为了方便。如果说，文化间性偏重于指本文化与异文化之间接触时的间隔与相依为命状况，那么，文化涵濡则更多地是指本文化与异文化间力求化解上述状况而展开的持续变迁过程，而这种过程不是单方面的推进而是双方共生过程，也就是涵濡。

涵濡一词是借鉴自汉语词汇。涵和濡两个字，水字旁，在汉语里都有水的浸渍、滋润等意思。合起来说，涵濡就是水产生的滋润、浸渍之意，是指水缓缓向下浸入，使其滋润、润泽之意。元结《补乐歌》之三《云门》写道："玄云溶溶兮，垂雨濛濛；类我圣泽兮，涵濡不穷。"欧阳修《仁宗御飞白记》："仁宗之德泽涵濡于万物者，四十余年。"[1] 这里的"涵濡"就包含有"文化"的濡染、濡化、滋润"异类"的意思。

为了理解中国文化中的涵濡概念，不妨参考宋代至近代儒家着力张扬的"涵泳"一词。朱熹的"涵泳"理

[1] 参见《古代汉语词典》编写组编：《古代汉语词典》，北京：商务印书馆，2003 年，第 535 页。

论可以说深得涵濡之要义。涵泳，本义为“潜游”，引申为沉浸、浸润，与涵濡的含义就相近了。宋儒程颐、陆九渊等将其移植为理学的重要概念，赋予其特定的治学或修养含义，意思是指主体以虚静姿态深潜入对象之中去悉心领悟、参透其奥秘。吕祖谦倡导“完养思虑，涵泳义理”，[1]又指出：“大抵为学工夫，涵泳渐渍，玩养之久，释然心解，平帖的确，乃为有得。”[2]到了朱熹，一种完整的以“涵泳”为主体修养途径的儒家学说成形了。他以“涵泳”一词重点指称读书方式的细致与深入程度：“读书须当涵泳，只要子细看玩寻绎，令胸中有所得尔。……所谓‘涵泳’者，只是子细读书之异名。”[3]他要求“涵泳玩索，久之当自有见”[4]。读书必须像潜水游泳一样，不被周围乱象所干扰，而深潜身心于书籍与思想的海洋中，深切领悟知识或学问的道理。为了达到这一

---

[1] 〔宋〕吕祖谦《答潘叔度》，《吕祖谦全集》第一册，杭州：浙江古籍出版社，2008 年，第 484 页。

[2] 〔宋〕吕祖谦《答潘昌叔》，《吕祖谦全集》第一册，杭州：浙江古籍出版社，2008 年，第 498 页。

[3] 〔宋〕黎靖德编：《朱子语类》六，王星贤点校，北京：中华书局，1986 年，第 2790–2791 页。

[4] 〔宋〕黎靖德编：《朱子语类》一，王星贤点校，北京：中华书局，1986 年，第 98 页。

目标，他认为从事学术，“愈细密，愈广大；愈谨确，愈高明”。具体来说，“开阔中又著细密，宽缓中又著谨严。如其窄狭，则当涵泳广大气象；颓堕，则当涵泳振作气象”。[1]他要求妥善处理“开阔”与“细密”及“宽缓”与“谨严”的关系，在“窄狭”时“涵泳”而向“广大气象”，在“颓堕”时“涵泳”而向“振作气象”。

朱熹还具体地阐述了研习儒家经典的“涵泳”方式与具体方法。“论语之书，无非操存、涵养之要；《七篇》之书，莫非体验、扩充之端。盖孔子大概使人优游餍饫，涵泳讽味；孟子大概是要人探索力讨，反己自求。”[2]“涵泳”为的是排除现实生活中的各种干扰而深潜入对象的深层。“……读书理会道理，只管将来涵泳，到浃洽贯通熟处，亦有此意思。”[3]对此，下面这段话就阅读《诗经》的“涵泳”之法，说得具体而清楚：

---

❶〔宋〕黎靖德编：《朱子语类》一，王星贤点校，北京：中华书局，1986年，第144页。

❷〔宋〕黎靖德编：《朱子语类》二，王星贤点校，北京：中华书局，1986年，第444页。

❸〔宋〕黎靖德编：《朱子语类》三，王星贤点校，北京：中华书局，1986年，第931页。

> 读《诗》之法，只是熟读涵味，自然和气从胸中流出，其妙处不可得而言。……须是读熟了，文义都晓得了，涵泳读取百来遍，方见得那好处，那好处方出，方见得精怪。……若读到精熟时，意思自说不得。如人下种子，既下得种了，须是讨水去灌溉他，讨粪去培拥他，与他耘锄，方是下工夫养他处。今却只下得个种子了便休，都无耘治培养工夫。如人相见，才见了，便散去，都不曾交一谈，如此何益！所以意思都不生，与自家都不相入，都恁地干燥。这个贪多不得。[1]

他在这里不仅要求“熟读涵味”，甚至“涵泳读取百来遍”，而且进一步要求像农夫播种后给庄稼施加持续的“耘治培养工夫”一样不断予以深化和巩固：一是以水“灌溉”；二是施肥等“培拥”；三是“耘锄”。可见，“涵泳”作为读书、治学之法，是指虚心研习对象，持久地加以拓展和深化，直到发现新的真知的过程。这种过程

---

[1] 〔宋〕黎靖德编：《朱子语类》六，王星贤点校，北京：中华书局，1986年，第2086–2087页。

用来理解文化涵濡之涵濡方式具有可行性：正像读书须虚心研习对象并持久地潜行于其中一样，当本文化面对异文化时，也需要抛弃先有杂念而尽力钻入异文化之中去深入体味，了解其究竟，看看并且实践哪些需抛弃而哪些需吸收。

朱熹所代表的这种宋儒“涵泳”之法，受到后人推崇。明代王世贞认为：“西京以还至六朝及韩柳，便须铨择佳者，熟读涵泳之，令其渐渍汪洋。遇有操觚，一师心匠，气从意畅，神与境合，分途策驭，默受指挥，台阁山林，绝迹大漠，岂不快哉！”[1]他把“涵泳”文学作品对“操觚”即写作实践所具有的意义进行了阐发，既要“熟读涵泳”经典、“令其渐渍汪洋”，更要“一师心匠”，展开新的创造。清代王夫之也指出：“熟绎上下文，涵泳以求其立言之指，则差别毕见矣。”[2]他推崇“涵泳”还是着眼于深入领会对象的“立言之指”。比较而言，或许要数近代曾国藩为儿子纪泽所进行的阐发最为形象而生动：

---

[1] 〔明〕王世贞：《艺苑卮言》卷一，《艺苑卮言校注》，罗仲鼎校注，济南：齐鲁书社，1992年，第40页。

[2] 〔清〕王夫之：《夕堂永日绪论外编》，船山全书编辑委员会编：《船山全书》十五，长沙：岳麓书社，1996年，第856页。

汝读《四书》无甚心得，由不能虚心涵泳，切己体察。朱子教人读书之法，此二语最为精当。……涵泳二字，最不易识。余尝以意测之曰：涵者，如春雨之润花，如清渠之溉稻。雨之润花，过小则难透，过大则离披，适中则涵濡而滋液。清渠之溉稻，过小则枯槁，过多则伤涝，适中则涵养而浡兴。泳者，如鱼之游水，如人之濯足。程子谓鱼跃于渊，活泼泼地；庄子言濠梁观鱼，安知非乐：此鱼水之快也。左太冲有"濯足万里流"之句，苏子瞻有夜卧濯足诗，有浴罢诗，亦人性乐水者之一快也。善读书者，须视书如水，而视此心如花、如稻、如鱼、如濯足，则涵泳二字庶可得之于意言之表尔。❶

曾国藩先是把"涵泳"二字拆分开来解释，指出"涵"字之一义"如春雨之润花"，二义"如清渠之溉稻"，均求"适中"，且分别"适中则涵濡而滋液"和"适中则涵养而浡兴"；又指出"泳"字"如鱼之游水"，

❶〔清〕曾国藩：《谕纪泽》（咸丰八年八月初三日），《曾国藩全集》第20册，岳麓书社，1994年，第364页。

"如人之濯足"，都透露出"活泼"与"快乐"；最后指出应"视书如水"，"视此心如花、如稻、如鱼、如濯足"，从而实现"心"与"水"之间的交融。这样，"涵泳"被曾国藩视为主体之心与对象之水的心水交融状况，突出的是主体之心沉潜于对象，不断加以涵濡，并从中获得快乐的意涵。有意思的是，在他的这种阐发中，来自朱熹等宋儒的"涵泳"概念，实际上与"涵濡"二字的内涵明确地贯通如一了——读书或治学实际上是主体之心与对象持久地涵濡以求真知并获得快乐的过程。与朱熹只是强调读书的沉静和细致相比，他不仅同样强调读书需要主体深度沉潜于对象之中，而且更指出这个过程应当伴随快乐。看来，作为成功的政治家、战略家兼儒者的曾国藩，与单纯的教师兼儒者的朱熹之间，在"涵泳"问题上还是显出了一些区别：朱熹更多的是入乎其内地单纯奔着治学那点事去，而曾国藩则更多地要求既入乎其内地沉潜于书本世界，又出乎其外地感受人生成功的喜悦。

由此来看文化涵濡，可以说，本文化与异文化之间的接触，恰如一股水流与另一股水流之间的遇合一样，是一个相互滋润、沉浸的过程，不是简单的谁灭谁、谁取代谁的事。

这样的涵濡观念，同现代人类学的濡化（acculturation，又译涵化、文化涵化或文化变迁等）概念有相通之处。[1]濡化概念注意到，当两种或两种以上文化发生接触时，不再简单地出现一种文化取代另一种文化的情形，而是会发生持续的文化变迁过程，这种过程具有复杂多样性。人类学的研究报告还强调，要运用更多的概念，设计出更复杂的程序去处理文化濡化问题。它提及的多种不同情形有：（1）跨文化传播（扩散）[（Intercultural Transmission（Diffusion）]；（2）文化创造（Cultural Creativity）；（3）文化瓦解（Cultural Disintegration）；（4）反向适应（Reactive Adaptations）。还有需要处理濡化的更普遍和持久的方式，如交融和顺化（fusion and assimilation），以及稳定性多元化发展（the development of a stabilized pluralism）。交融是指两种文化之间在濡化过程中处于大致对等的关系上，是一种双向濡化。顺化则是指处于与交融完全相反的另一极点上，即一种文化接受另一种文化的单向适应。反

[1] 有关美国现代人类学界于 1953 和 1957 年关于“acculturation”的两次研究报告的综述，见我的《中国现代文论史》第一卷《中国现代文论传说》，北京：北京师范大学出版社，2019 年，第 16–22 页。

向适应是说当感到异质文化威胁过大时会自动产生“撤退”过程，回头对自身传统产生更加坚决的认同。稳定性多元化则是指既不完全交融和顺化，又在相当程度上使各文化系统保持相对的自律性的情形。[1]应当看到，这样的文化濡化理论对于思考跨文化学的文化涵濡问题是有参考价值的。

可以说，文化涵濡作为文化间涵即文涵要素的一部分，是指本文化与异文化之间在接触中会发生持久的相互浸润过程。这里也有着三层含义：

第一层，文化间互平。就像此水与彼水都是水一样，本文化与异文化之间的关系不应当有简单的高低之别，而应当具有相互平行性和相互平等性。

第二层，文化间互润。每一种文化，无论是本文化还是异文化，都各有其独特价值，都以此独特价值而可以产生相互滋润的作用，由此对对方构成独一无二的精神价值资源，因而都是可以对对象产生有益影响的力量。当然，异文化本身也是多方面的和变化中的，并非异文

---

❶ Acculturation: An Exploratory Formulation，American Anthropologist, New Series, Vol. 56, No. 6, Part 1 (Dec., 1954), pp.984.

化中的任一方面和任一种状况都完全适合于本文化，重要的是具体情况具体分析。

第三层，文化间互变。本文化与异文化之间在接触后的持续涵濡中会发生一些变化，这些变化或深或浅地会导致该文化实现文化变迁。尤其是在文化现代性进程中，本文化与异文化接触后会发生前所未有的深刻变迁，直到创造出自身文化的新形态。尽管如此，这种本文化也还是它自身，而非它所曾参酌的异文化，更不会与之同一。

不妨以王韬《漫游随录》及其他著述中的欧洲文化形象刻画为例。与他之前和之后奉命出访欧洲的朝廷命官如薛福成、郭嵩焘等的正式奏折所受到的官场规矩束缚相比，以个人身份亡命海外的王韬，几乎可以随心所欲地记录下自己对巴黎、伦敦等现代化大都市的宫殿、博物馆、图书馆、街道、公园、剧场等的观感，显示他个人对西方异文化经历了从“奇技淫巧”的拒斥到“奇技异巧”的赞誉这一评价立场上的大转变。[1] 这表明，异

[1] 参阅笔者《中国现代性体验的发生：清末民初文化转型与文学》（北京师范大学出版社，2001 年）第 190-260 中的相关论述。

文化观察者自身社会身份的差异，会导致对异文化的印象的差异。

这样理解的文化涵濡表明，跨文化学相信，文化间是开放的和可变的，但同时又是差异的和独特的。

三、文涵的层面

在如上讨论文化间性和文化涵濡的基础上，可以来对文化间涵即文涵的内涵做一番归纳了。文化间涵即文涵，是指本文化与异文化之间在两相接触时出现的相互间隔而又相互涵濡的状况。这也可以从三个层面去理解，它们可视为如上有关文化间性和文化涵濡的三层面论述的大体对应和交融：

第一层，文化间互异而平。在文化现代性进程中，每一种文化与异文化之间都是相互异质的，各有其独特的民族特性，正像这扇门与那扇门之间总是存在缝隙或间隔一样。同时，文化间也不存在简单的高低之别，而是构成相互平行、平等及平流的关系，正像水与水的交流一样。这里面当然也可能存在真理与谬误之争，但有时对不同文化而言，真理与谬误的表述本身就有着不同，从而其判断的标准也就有差异。

第二层，文化间互依而润。每一种文化之间都是相互依存的，根本无法离开异文化这面镜子而单独定义自身。同时，每一种文化都可以从异文化中获取有益的滋养、浸润，只要对对方有着起码的承认和尊重之心。

第三层，文化间互变互异而终不同。本文化与异文化之间在相互间隔中通过持续的涵濡而缓慢发生变迁，有其必然性。但是，这种变迁的结果，不会是文化间彻底消除异质性而走向完全同一性，而是在某些方面形成共同性的同时继续重建和强化各自的异质性或差异性。

这样，文化既是间性的又是涵濡的。在文化现代性进程中，每一种文化都不可能与其他异文化（他者）真正完全隔绝而独善其身，而是不得不主动或被动地与其他异文化接触，而这种接触过程不可能仅仅产生单向作用力，而是会产生双向作用力，结果是使得接触的双方或多方之间发生这样或那样的改变。

以佛教传入中国为例。这种异文化在传入中国之初，曾经经历过陌生、不理解、被排斥等情形，但之后逐渐适应了中国本土文化的需要而生存下来。更重要的是，其按照中国本土文化的需要而发生改造或自我改造，从而演化出禅宗这一独一无二的中国化佛教形态。禅宗，既不是印度本土文化孕育的，也不是中国文化本身孕育的，而是印度佛教与中国文化这两种异文化之间涵濡成的。

同样地，中国现代文化既非中国古典文化的自我演变结果，也非西方现代文化的简单移植物，而是中国文化传统与西方现代文化之间相互涵濡的结晶。

文化间涵在跨文化学中之所以具有核心地位，恰是要表明，异文化之间诚然不可能完全融合，但可以相互共存、相互吸收同时又保持各自的尊严和个性。这一点也正是跨文化学的特殊考虑之一。

四、文涵的过程、方式和中心问题

文化间涵即文涵过程，还可以被想象为本文化与异文化之间在具体现实境遇中的历时态过程，同时，其间交织着若干具体方式，由此也可见出其中心问题之所在。

文涵的历时态过程，可以有如下几个时段：

（1）触而涵异，也可称触异。只要跨越本文化与异文化之间的原有界限，就能接触到原来陌生甚至敌对的异文化，并由于这种互相接触而发生涵濡。这样，跨文化学意味着跨越文化间界限而触及、触摸或触碰到异文化，由此可以走出或冲破此前文化间隔离、疏远格局而产生新的涵濡关系。由接触异文化带来的积极效果在于，“跨越文化或民族的接触能使人豁然开朗，觉察到自己行为中隐蔽的结构；跨文化交流揭示隐蔽结构的速度快，比在一般生活情景下快许多倍”。因此，“只要人们能培养相互学习的欲望，……民族成分的多样性就可以成为伟大的力量源泉和无价之宝”。[1]不过，实际上，跨而触异也可能有多种不同的情况：一是直接触异与间接触异，这里既可能是道听途说或误信传言，也可能亲身感触、身临其境；二是触异之部分与触异之总体，即只是接触到异文化之局部或零散情况，还是触及其总体面貌；三是一触即关与触而容纳，或者一经接触便望而生畏予以拒绝，或者逐渐承认而予以容纳。只有愿意容纳异文化，才可能进入下一时段。

---

[1] [美] 爱德华·霍尔：《超越文化》，何道宽译，北京：北京大学出版社，2010年，第74页。

（2）容而涵异，也可作容异。这也就是指由于接触异文化而可以实际地容纳异文化，从而使得涵濡异文化成为可能。通过容纳异文化，本文化得以破除此前与异文化之间的相互封闭或孤立格局，获得面向异文化涵濡的新机遇。这时的跨文化学意味着寻求文化与文化、学科与学科等之间的相互开放、容纳或转化。这要求不能仅仅固守于单一的文化或学科内部，而是必须面向异文化、异学科、异媒介等而实施容纳，在容纳种种异质性因素的过程中推动本文化内部发生通变。这种容纳异文化即容异也可能有多种不同情况：一是局部容异，只容纳异文化之某些可用的局部或细节而阻挡其总体；二是外在容异，只容纳异文化之外在环节而抵制其内核；三是容下拒上，容纳异文化之经济基础或物质技术层面而拒绝其上层建筑或精神层面；四是以本滤异，这就是以本文化为主去有选择地过滤、筛选及改造异文化之有用成分。以本滤异，应当是最为理想的容而涵异之举，但在实际推行起来颇为不易。

（3）通而涵异，也可作通异。这就是说本文化因为开放地容纳异文化而导致自身发生通变，在通变中涵濡异文化。这样，跨文化学并非仅仅指文化与文化间相互转化中导致的外在改变或外表改观，而主要是着眼于其外在与内在贯通的总体深层转化，也即消除各个部分的沟通障碍而实现全面的通变或通转。也就是说，本文化之内因借助于外因的作用力而自身发生根本性作用，实现自身的总体转化或再生。如果仅仅强调外因的借鉴作用而忽视内因的根本角色，那就可能仅仅停留于外在改变而不会推动总体通变和转化。

（4）化而涵异，也可作化异。化，在这里是指变化、化育，特别是指向间性涵濡的本义，也就是逐渐地和缓慢地让异文化因素浸润、浸透于本文化之中。这是指本文化由通变进而化生、化育或更生为新异的自己。这里的跨文化学触及文化与文化间因发生外在与内在贯通的总体深层转化而实现化生、更生或再生的可能性。其要害不是让本文化因为实施面向异文化的跨越而就被置于死地，或者被置换或变成异文化本身，而是借助于异文化的涵濡而驱动自己的转化、化育，也就是本文化借助异文化的参照而自己转化、化生或更生为新颖的自己。上面说的庄周梦蝶、鲲化为鹏、梁祝化蝶、牛织化星等，终究就是主体借助异文化因素的作用而自己转化、化生或更生为新型的自己。到这个时段，也就接近于文化更生或文生需要论述的内容了。

（5）延而涵异，也可作延异。这就是本文化由于化生或更生而得以成功地化解此前遭遇的生存危机，从而稳固和延续自身的与众不同的异质性及其美，也就是通过化生或更生而增强对自身异质性的自信力，从而得以延续其生命活力。这表明，跨文化学的研究目标，不在于文化异质性的消除和文化同一性的实现，而只在于文化异质性的相互并存、对话及其各自的异质性或独立性的保持本身。最终的结果不再是过去的“世界文学”“比较文学”等理论所设想的世界文化同一性或世界文化一体化目标的实现，而是各种异文化自身的异质性或独立性得到进一步认同、承认或保持。这个时段也就接近于文化集美或文集所需要论述的内容了。

尽管还可以列出其他时段，但这五时段是必不可少的：触而涵异即触异，体现文化间涵过程开端于本文化与异文化的接触，以及接触中的对立或感化；容而涵异即容异，说明文化间涵过程必然要求容纳合理的异文化和拒绝不合理的异文化；通而涵异即通异，表明文化间涵过程会借助异文化之力而实现本文化的通变；化而涵异即化异，显示文化间涵过程会让本文化借助异文化而实现化生或更生；延而涵异即延异，意在告诉人们，文化间涵过程终究没能回归为同一性，而不过是确证了自身的新的美质，进而巩固和延续了相互之间的异质性或差异性。当然，这五时段之间在实际的文涵过程中是相互交叉渗透的，并且还可以相互循环。

上述文化间涵或文涵过程还交织着一系列具体方式，不妨简要概括为如下几组对立面及其调和方式（它们之间虽不同，但时常相互渗透或交织）：

（1）我他间涵。这主要是指我者与他者之间、本文化与异文化之间的间性涵濡。这应是文涵过程的最基本的方式之一，主要处理面对他者及异文化时我者或本文化的应对方式问题。

（2）同异间涵。这是指文化共同性（或文化同一性）与文化异质性（或文化差异性）之间的间性涵濡。这同样也是文涵过程的最基本方式之一，化解文化好尚与文化异忧之间的紧张关系。

（3）正奇间涵。这是指正统文化要素与奇异文化要素之间的间性涵濡。这主要是处理与异文化发生接触后引发的本文化与异文化之间，特别是异文化所引发的本文化内部正统文化与奇异文化之间的间性涵濡。这里既有外来异文化之奇异文化要素，也有本文化内部被激发出来的奇异文化要素，主要考察正统文化涵濡奇异文化的方式。

（4）雅俗间涵。这是指本文化内部雅文化要素与俗文化要素之间的间性涵濡。在外来异文化激发下，本文化内部的雅正文化、通俗文化、民间文化等要素之间会展开复杂的间性涵濡过程。

（5）真伪间涵。这是指本文化内部被外来异文化所激发起来的真理与谬误之间的辨析问题，涉及本文化与异文化之间谁更具有合法性的问题。本文化与异文化之间谁才是文化的正宗？外来异文化究竟带来真理还是带来谬误？在文化现代性进程中，是中西文化之异同性和独特性的划分重要，还是人类普遍的真理与谬误之辨析重要？有时的争论相当激烈而难以调和（参见本书第一章所引有关中西及真理辨析的观点）。

（6）隔化间涵。这是指本文化与异文化之间是相互疏隔还是相互化育的问题，也就是这两种文化之间是可涵还是不可涵的问题。可涵，说明本文化与异文化可以通过间性涵濡而通向更生；不可涵，表明这两者终究缺乏可以相互化育的充足条件。

（7）一二间涵。这指向文涵的目标，是指通过文涵而生成为单一文化人还是“双文化人”（Bicultural person）的问题。伴随跨文化的文化间涵过程的进行，本文化之人有可能走出自身单一文化的限制而吸纳异文化资源，从而生成为“双文化人”，也就是兼容两种文化要素或精神的新型人。“真正的双文化人能在两种文化中生活得很舒适，相反，假性双文化人仅仅理解一种文化，但他们尝试在两种文化中活动。”[1] 这里需要区分和警惕的是“假性双文化人”，即那种表面上两种语言和两种文化兼擅而实质上依旧固守单文化的人。

（8）一多间涵。这也指向文涵的目标，是指通过文涵而生成为单一文化人还是“多元文化人”（Multicultural person）的问题。“多元文化人”是指“能相当轻松地在多种文化里出入的人”，他们“常常处在一种旧文化和新文化的边界上”，并且“由于不同文化的杰出日益增加，如今有些人能在相当实质性的意义上出入不同的文化，而不是在肤浅层次上出入了”。不过，应当注意到，这种

[1] ［美］迈克尔 · H. 普罗瑟：《文化对话——跨文化传播导论》，何道宽译，北京：北京大学出版社，2013 年，第 223 页。

新型人其实也不得不时常遭遇一个烦恼："多种价值观在他们身上的张力常常是如影随形。"❶合理地看，跨文化学所希冀培育的人才，应当是多元而又归一的人，也即既有多元文化素养，同时又让其服从于自身民族文化主见或主体意识的人；更准确地说，是一种具备多元文化型素养而又归于民族文化主体性的人。否则，假如只有多元文化素养而无明确的主体性立场，就会在面对多种不同力量竞相牵引时茫无头绪，无所适从。

以上综合历时态过程和具体方式来看，可以说，涵异构成了文化间涵即文涵的中心问题，也可以说构成了整个跨文化学研究的中心问题。当本文化面对异文化之时，重要的不是不加区分地马上接受或拒绝它，而是将它纳入间性涵濡即涵异过程之中，通过多样而复杂的涵异过程而寻求处理办法。涵异作为跨文化学的中心问题，意味着跨文化学既不是要简单地跨入并停滞于异文化，也不是同样简单地越过异文化而另觅芳草，而是以间性涵濡的方式应对异文化，即在保持差异的前提下涵濡异

❶ [美]迈克尔·H. 普罗瑟：《文化对话——跨文化传播导论》，何道宽译，北京：北京大学出版社，2013年，第230页。

文化，将其有益成分吸纳进本文化之中。

五、文涵的传播渠道

把文涵视为一种依赖于符号形式系统或媒体而进行的传播过程，那么，就有传播渠道的问题。文涵的传播渠道，是指文化间性涵濡通过具体的符号形式交流渠道得以进行。而从传播学角度看，跨文化学正需要处理跨越文化边界的文化间涵的具体传播渠道问题。不妨参考迈克尔 · H. 普罗瑟有关自我传播、人际传播、文化传播、集体传播、组织传播、大众传播、公共传播等的划分[1]，以及传播学界有关传播的语境主题的相关论述[2]，结合当前互联网时代跨文化过程的传播偏向，可知文化间涵的渠道也可以多种多样：

（1）自涵，即自我涵异。这是个人在自身内部处理

---

[1] [美] 迈克尔 · H. 普罗瑟：《文化对话——跨文化传播导论》，何道宽译，北京：北京大学出版社，2013 年，第 39–72 页。

[2] [美] 斯蒂芬 · 李特约翰：《人类传播理论》，史安斌译，北京：清华大学出版社，2004 年，第 273–382 页。

本文化与异文化的间涵问题，主要是运用自我传播或人内传播渠道进行，包括自我的视觉、听觉、嗅觉、味觉和触觉等不同感官之间的协调，这些不同感官与思维过程之间的协调，涉及自我的观察、体验、思考及反思等感知与思维过程。这是一种最基本和最深刻的传播渠道，几乎其他所有传播最终都需要沉落到这种基本传播中才能真正有效地发挥其作用。《红楼梦》第 23 回结尾写林黛玉在与宝玉共读和共享《西厢记》后，宝玉被袭人叫走，留下她一个人，落寞间突然听到梨香院飘来十二位习戏的姑娘的《牡丹亭》唱段，“原来是姹紫嫣红开遍，似这般都付与断井颓垣”等，禁不住感慨万千，联想到自己此前的“如花美眷，似水流年”“流水落花春去也，天上人间”等诗词阅读体验，特别是刚才与宝玉共读共享《西厢记》的甜蜜情境，“不觉心痛神痴，眼中落泪”。这种自我间涵过程，扎实地深化了她与宝玉共读共享《西厢记》的行为，让这枚被贾政为代表的正统文化势力所严加排斥的异文化种子，深深地扎根在黛玉的心灵土壤里。

（2）人涵，即人际涵异。这是个人与个人之间进行的文化间涵，主要以人际传播渠道进行，包括个人与个人之间的面对面间涵、运用多种不同传播渠道的间涵等。这是传播范围最小的一种传播渠道，但同时又是一种能给予人以隐秘性和可信性的传播，如俗话说“天知地知你知我知”“神不知鬼不觉”。上面所提宝玉与黛玉在共读《西厢记》后，又通过对其中名言警句的背诵“竞赛”，相当于又通过人际传播渠道而进行了一次人际涵异，既加深了对该作品的阅读体验，同时又借此机遇而加深了两人彼此之间的心灵共鸣和爱情反馈。《平凡的世界》中孙少平和恋人田晓霞之间，则常常借助于欧洲文学作品的交流而加深感情，也就是在这种人际涵异中涵濡和深化两人之间的爱情。

（3）艺涵，即艺术涵异。这是运用艺术作品进行的文化间涵，如文学、音乐、舞蹈、戏剧、电影、电视艺术、美术和设计等艺术门类的作品。宝黛共读《西厢记》，孙少平和田晓霞共读外国文学作品，以及现实中鲁迅、郁达夫、郭沫若、徐悲鸿、宗白华、傅雷等人被外国文艺作品所震惊，这一桩桩艺术涵异实例都在说明，艺术涵异确实是文涵的重要渠道之一。

（4）群涵，即群体涵异。这是群体与群体之间进行的文化间涵，主要运用群体传播渠道去涵濡异文化。这里既有群体内成员之间的传播，也有群体外传播，前者范围较固定，后者则远为广泛而难以限定。《红楼梦》中虚构的海棠诗社、桃花诗社，以及古代的江西诗派、江湖诗派、吴门画派等文学和艺术流派，都属于结构松散的群体，其内部及外部的交流，大致可以归属于这种群涵情形。这种群涵方式走出了自涵、人涵的限制而拓展了涵异过程的范围。

（5）组涵，即组织涵异。这是以组织传播渠道进行的文化间涵，主要依靠社会组织方式，包括组织内传播和组织外传播。相对于群涵，这种涵异渠道由于依托制度化优势而更显力量。现代艺术中的高度组织化的艺术流派和艺术思潮，如立方主义、意识流、达达主义、未来主义、超现实主义、文学研究会、创造社、新月社、语丝社、决澜社、七月派等，在共同的纲领、宣言或主张整合下形成了独特的传播力量。

（6）众涵，即大众涵异。这是以大众传播渠道进行的文化间涵，有报纸、杂志、书籍、广播、电影、电视等渠道，如《新青年》《点石斋画报》《小说月报》《电影杂志》等。进入改革开放时代，《大众电影》《收获》《十月》《读者》等杂志曾经有过巨大发行量，在众涵方面产生过大影响。1990年前后热播的大型电视连续剧《渴望》，通过京城胡同普通市民刘慧芳和宋大成等从最初的是非对立和不可调和的尖锐斗争生活，到后来恩怨忘却和真诚生活的转变故事，把原来视为异样或异端的平凡生活过程一举转化为应当如此的生活主流，从而在20世纪80年代末、90年代初中国社会转型中起到心灵转化器这一关键作用。

（7）网涵，即网络涵异。这是以国际互联网、移动网络、新媒体、自媒体等多种媒体之间的交融方式进行的文化间涵。这是当今世界的主导型文化间涵渠道。依托互联网、移动互联网、自媒体等新兴传播渠道的社群之间、"饭圈"之间的涵异过程，业已成为当代跨文化过程的主渠道。这次新冠肺炎疫情期间爆发的网络新媒体群与群之间、"饭圈"之间的异常激烈的意识形态大撕裂，其间也包括以某些影响力广泛的文艺作品为中心的大撕裂，更加暴露出网涵的重要性，由此也凸显出建构健全的跨文化学涵异思维的重要性和紧迫性。在此百年未有之巨变时刻，生活在跨文化风云际会时刻的中国人，如何在网涵过程中跨越往昔的非左即右、非此即彼的"斗争哲学"模式，冷静地面对快捷变迁的当代世界状况，在开放地容通各种多元文化资源的过程中，寻找并切实找到中华民族或中国自我之立足于新的全球性境遇的主见或主体意识，就变得异常重要而又迫切了。此时的跨文化学思维的介入，想必能够起到其应有的和不可替代的特殊作用。

（8）公涵，即公共涵异。这是以公共传播渠道进行的文化间涵，与私人的或私密的传播渠道不同。它可以把前面说的群涵、组涵、众涵和网涵等多种渠道（或其中的一部分）包容于其中，指向一种公共文化领域的建构，在其中涵异自然是重要的内容之一。这种渠道的文化间涵的目的，说千道万，恐怕最重要的就是寻求文化与文化之间相互跨越时的公平、公正和公开原则。

以上几种（还有其他）传播渠道相互交织地进行，共同处理异文化的间性涵濡问题。这种文涵过程，假如联系当前正在进行的百年未有之巨变的“危机时刻”效应看，想必会令本文化与异文化的关系及其跨文化过程出现种种预料之外的变数，从而需要专门关注和考察。

六、文涵的艺术生成

回看中国文化现代性进程在文学艺术中的后果，参考前引现代人类学有关濡化的交融、顺化、反向适应、稳定性多元化等多种情形的论述，可以发现文涵的如下一些不同情形，不妨仍然称为定律（仍取其广义用法）。

（1）顺涵律。这是指本文化在文化间涵中出现的与异文化相顺化的变迁情形。这基本上是说本文化顺应异文化范本的方向和基本精神而涵濡出自身的本土变种。在这方面，郭沫若的诗集《女神》，郁达夫笔下的“零余者”，徐悲鸿对欧洲写实主义油画的借鉴，西方戏剧移植成为话剧，电影成为中国艺术的新门类等，还有艺术中的人道主义观念、人的文学思想、典型范畴、浪漫主义思潮、现实主义思潮、现代主义思潮等，都可以视为顺涵律的例证。

当然，依照顺涵律或者以下其他律的规范，都既可能产生少量高品质艺术作品，也可能出现大量的品质低劣之作，终究还得看作品的艺术个性的传达效果。在任何一个时代，哪怕是公认的魏晋风度、盛唐气象、文艺复兴等以时代精神为标志的中外艺术高峰时代，好作品总是极少量的。

（2）逆涵律。这是指本文化在文化间涵中出现的与异文化逆向而行的、面向自身传统重新认同的变迁情形。这可以列出若干代表性范例："国学""国粹"等是在西方异文化学术的逼迫下发展起来的中国传统文化学术，展示了本文化对于外来异文化的积极回应姿态；西方音乐激发出二胡等为代表的"国乐"运动，促使中国音乐人找到了全球化时代中国音乐传统的可与西方音乐相媲美的独特美质认同；梅兰芳的京剧变革，同样是在西方歌剧等的强烈刺激下，甚至是在梅兰芳亲赴美国而与之直接对话的过程中、直接借助西方他者的眼光而完成的；吴昌硕发起而在齐白石、黄宾虹、潘天寿等后继者的发扬中光大的国画自救之举，成就了中国画的再生奇迹；"境界""意境"等本土概念被王国维、宗白华、李泽厚等先后持续激活出来，并承担了重新阐释中国古典传统美学精神的使命。

（3）互涵律。这是指本文化在文化间涵中出现的与异文化相互交融的大体平衡的变迁情形。老舍在早年旅欧时期，直接体验和吸收西方文化艺术理念，包括大力吸纳西方文艺理论的滋养，在创作中注重描摹北京市民口语及其蕴含的故都地缘文化精神，使得来自异文化的启迪与出于本文化的关怀之间形成了一种相互间涵的平衡态关系，终究孕育出一部部个性独具的非凡的小说与剧本。沈从文以回到自然、回到古代式的浪漫主义心灵，重新激活自己早年的已然濒临消逝的湘西生活的宁静而美好记忆，也属于在本文化与异文化之间实现互涵的成功范例。张恨水在古典章回体样式中尽力展现变化中的现代中国多层次的市民生活场景及市民形象，敢于在成熟的旧形式中蕴涵新的现代性体验，也体现了在外来异文化影响与本文化传统之间实现文化间涵的实绩。

（4）全涵律。这是指本文化在文化间涵中出现的既参酌异文化又有新创造的变迁情形。这种情形既需要吸收异文化的长处，更需要在本土传统链条中实现新的环节的创造，所以其美学难度是最高的，而其美学成就也是最可观的。

鲁迅作为现代中国文化艺术的高峰，恰恰属于这种全涵律的辉煌典范。他最初赴日学医，后来弃医从文，曾跟随章太炎修习国学，大量阅读西方文艺及学术著述，翻译域外小说，回头抄写古代碑帖，研究并撰写中国古代小说史……在历经上述多方面的持久的文化间涵之后，才从 1918 年的《狂人日记》起正式开始了小说、散文、杂文等的创作，在前后不到 20 年的时间里创造了中国现代文学至今无人能及的高峰。

黄宾虹早年办过报，做过理论研究，并在游历名山大川的同时，留意遍阅历代山水名画，也对外来西方绘画做过精细的比较研究，从而着意在中国画创作领域实现更新和创造。与“常人专宗一家，故形貌常同”不一样的是，黄宾虹的成功秘诀在于“兼采众长，已入化境，故家数无穷”。打个比方说，“常人足不出百里，日夕与古人一派一家相守；故一丘一壑，纯若七宝楼台，堆砌而成；或竟似益智图戏，东检一山，西取一水，拼凑成幅”。这是指那种有限的和单一的学习或师承，所以其绘画成就有其局限。而像黄宾虹这样的大艺术家则不同，他会以杜甫那种“转益多师是汝师”的姿态，广取博收，再由博返约，形成真正的独创风格。傅雷评价说：“黄公则游山访古，阅数十寒暑；烟云雾霭，缭绕胸际，造化神奇，纳于腕底。故放笔为之，或收千里于咫尺，或图一隅为巨嶂，或写暮霭，或状雨景，或咏春朝之明媚，或吟西山之秋爽：阴晴昼晦，随时而异；冲淡恬适，沉郁慷慨，因情而变。画面之不同，结构之多方，乃为不得不至之结果。”[1]黄宾虹的学习和师承，是历经数十年的遍游名山大川和通览古今绘画名家，博采众长，汇而为自身的独特个性。因此，他才能“不仅为吾国近世山水画大家，为学亦无所不窥，而于绘画理论、金石文字之研究，造诣尤深。或进一步发挥前人学说，或对传统观点提出不同看法，态度谨严，一以探求真理为依归，从无入主出奴之见羼杂其间”。[2]从黄宾虹的这种“兼采众长，已入化境，故家数无穷”的特点看，他显然也是一位全涵律的精妙体现者。

---

1. 傅雷：《观画答客问》，傅敏编：《傅雷文集·艺术卷》，合肥：安徽文艺出版社，1998年，第234页。
2. 傅雷：《〈宾虹书简〉前言》，傅敏编：《傅雷文集·艺术卷》，合肥：安徽文艺出版社，1998年，第240页。

第四章
文　生

文生，是文化更生的简称，是跨文化学中的可变性要素或变数，是指本文化在与异文化的间性涵濡中发生变迁并导致新文化再生的情形。文化更生即文生的结果在于，本文化在与异文化发生间性涵濡的过程中，会再生出与本土原生型文化和异文化既相关联而又不同的新文化形态。文生，意味着不是全新的新生，也不是旧的死而复生，而是本文化通过与文化异质性因素的间性涵濡而实现自身的文化更替，诞生出既具有新生命形态的，而又可以归属于传统的文化变体。

一、文化之生、死及更生

文化更生，意味着文化不仅可以借助于文化共同性好尚即文尚而更生，也可以借助于文化异质性忧虑即文忧而更生。特别是借助于对文化异质性因素的文忧而更生，更是跨文化学研究的焦点性问题之一。那么，如何借助于文化异质性因素之忧虑而更生呢？

一旦提起文化的生与死话题，人们可能就会说上很多。"文化是有生命的"，对这个观点，想必没有人会轻易加以否定。但如果补上一句说："文化会死"，或者说，"文化不死或文化永生"，那就可能会引发争议或激烈争议了。按照赫尔德所说，"每一个民族，就像艺术、科学和这个世界上的一切东西，生长、开花和衰落各有其时"。[1] 由此观点推论，文化有生也就应该有死，只不过他在这里似乎还没明说。多年后，奥斯瓦尔德·斯宾格勒（Oswald Arnold Gottfried Spengler，1880—1936）就说得十分明确：

> 每一种文化都有自己的观念，自己的激情，自己的生命、意志和情感，乃至自己的死亡。……文化、

---

[1] 〔德〕约翰·哥特弗雷德·赫尔德：《又一种历史哲学》，《反纯粹理性——论宗教、语言和历史文选》，张晓梅译，北京：商务印书馆，2010年，第3页。

> 民族、语言、真理、神灵、景观等等，一如橡树和石松，一如花朵、枝条和树叶，从盛开又到衰老——但是，“人类”决不会有衰老。每一文化自身的自我表现都有各种新的可能性，从发生到成熟，再到衰落，永不复返。[1]

民族的文化如同有机活体一样，都有其生、老、病、死过程，不会死而复生。他进一步指出，特定民族的文化总是发源于该民族的文化心灵，通过其创造的独特的原始象征表现出来。他举的例子有，埃及文化以金字塔下的甬道再现其对无尽的道路的关怀，希腊文化以辉煌的雕塑艺术表达其对物质实体的偏好，近代欧洲文化在突变中追求时空无限，中国文化则以园林艺术的姿态寄托其漫游精神。

不过，根据人类学家张光直的研究，世界上的文化并不都是如同有机活体那样经历从生到死的过程的，以及有着必死无疑的宿命的。在他看来，世界上的文化实际上可

---

[1] [德]奥斯瓦尔德 · 斯宾格勒：《西方的没落》第一卷，吴琼译，上海：上海三联书店，2006 年，第 20 页。

区分为两种，也就是存在着两种不同的文化模式：

> 一个是我所谓世界式的或非西方式的，主要的代表是中国；一个是西方式的。前者的一个重要特征是连续性的，就是从野蛮社会到文明社会许多文化、社会成份延续下来，其中主要延续下来的内容就是人与世界的关系、人与自然的关系。而后者即西方式的是一个突破式的，就是在人与自然环境的关系上，经过技术、贸易等新因素的产生而造成一种对自然生态系统束缚的突破。[1]

按照他的看法，西方文化是突破式或破裂式文化，当然既有生也有死；中国文化属于与此不同的连续式文化（文明），经磨历劫而绵延不死。这是两种不同的文化形态。他甚至指出，中国文化是常态，而西方文化是“例外”：“中国的形态很可能是全世界向文明转进的主要形态，而西方的形态实在是个例外，因此社会科学里面自西方经验而来的一般法则不能有普遍的应用性。我

---

[1] 张光直：《考古学专题六讲》，北京：文物出版社，1986年，第17–18页。

将中国的形态叫作‘连续性’的形态，而将西方的叫作‘破裂性’的形态。”[1]或许可以补充说，中国文化的连续体是在破裂中得到连续发展的，也就是其间虽然也曾经历若干次断裂或破裂之巨创，但终究以强大的连续性力量而绵延不已地传承下来。

无论对这些观点赞成与否，但有一点是可以肯定的：中国文化内部确实有着借助于文化异质性因素而实现文化更生的思想传统，相信文化虽然有由盛而衰之日，但也有衰而复苏直到更生的时日。在这个意义上说，文化即便有濒临死亡的垂死之时刻，但也可以向死而生地获得再生。所以，更生，既不是新生，也不是旧生命的自然延续，而是旧生命的垂死而再生。

这种文化更生思想早就蕴含在汉字的字形构造艺术中了。更生之更字，甲骨文如下：

[1] 张光直：《连续与破裂：一个文明起源新说的草稿》，《美术、神话与祭祀》，郭净译，沈阳：辽宁教育出版社，2002 年，第 108-109 页

其上半字形表示声音，下半字形表示手拿鞭子训导人，同于古文的“鞭”字。[1]其主要意思有两项：一是改变、更换，如“变更”“更改”“更正”“更生”；二是交替、轮换，如《论衡·命义》：“譬犹水火相更也，水盛胜火，火盛胜水。”[2]这样，更有着通过变化而获得再生或代替的意思。生字的甲骨文如下：

这个字形“象屮木生出地上之形”[3]，也即表示大地上草木的生长或草木生长于大地之意。更与生合而为更生，就是指生命的重生、再生或新生，进而比喻复兴。《史记》对此有这样的用法：“元元黎民得免于战国，逢明天子，人人自以为更生。”[4]这里的“更生”一词，用的就是百姓再生的含义。《后汉书》这样说：“臣伏见陛下

---

❶ 徐中舒主编：《甲骨文字典》，成都：四川辞书出版社，1989 年，第 359 页。

❷ 参见《古代汉语词典》编写组编：《古代汉语词典》，北京：商务印书馆，2003 年，第 464 页。

❸ 徐中舒主编：《甲骨文字典》，成都：四川辞书出版社，1989 年，第 687 页。

❹ 〔汉〕司马迁：《平津侯主父列传》，《史记》九，北京：中华书局，1982 年，第 2958 页。

受中兴之命，平海内之乱，修复祖宗，抚存万姓，天下旷然，咸蒙更生，恩德云行，惠泽雨施，黎元安宁，夷狄慕义。”[1]又说：“太宗至仁，除去收孥。万姓廓然，蒙被更生，泽及昆虫，功垂万世。陛下圣明，德被四表。”[2]这两处都与司马迁的用法一样，用的是君王施恩而让百姓获得再生的意思。清代顾炎武也多次使用“更生”一词：“孑遗之民有更生之望，而守土待罪之官，亦得以勉修职业矣。”[3]黄宗羲则说：“海内之民，得离新法之苦，欢若更生。君子称其有旋乾转坤之功云。”[4]这种“更生”思想一直传承到现代。1935 年，毛泽东指出：“我们中华民族有同自己的敌人血战到底的气概，有在自力更生的基础上光复旧物的决心，有自立于世界民族之林的能力。”[5]1938 年他说：“自力更生的口号是对的，但中国不

---

❶〔南朝宋〕范晔：《张曹郑列传第二十五》，《后汉书》第五册，[唐]李贤注，北京：中华书局，1965 年，第 1197 页。

❷〔南朝宋〕范晔：《杨李翟应霍爰徐列传第三十八》，《后汉书》第六册，[唐]李贤注，北京：中华书局，1965 年，第 1597 页。

❸〔清〕顾炎武：《天下郡国利病书 · 屯田论》，《顾炎武全集》14，上海：上海古籍出版社，2011 年，第 1437 页。

❹〔清〕黄宗羲：《宋元学案 · 涑水学案上》，《黄宗羲全集》第 4 册，杭州：浙江古籍出版社，2012 年，第 345 页。

❺ 毛泽东：《论反对日本帝国主义的策略》，《毛泽东选集》第一卷，北京：

能孤立也同样要注意到。”[1]1946年又指出：“只有自力更生，自立自强，自己有办法，自己立于不败之地，然后国际与国内各方助我力量，方能发生作用……”[2]这里突出的虽然是依靠自己的力量而使得国家获得“更生”，但国家“更生”过程中的文化“更生”也是必然的。

文化更生，确实是中国文化传统中的重要内容之一。在《易经》的思想系统中，万物都有其生与死的循环往复过程。《易·系辞·咸》：“天地感，而万物化生。”主张天地以阴阳二气相感，因而万物化生。[3]《易·系辞下》：“天地絪缊，万物化醇。男女构精，万物化生。”宇宙人事都是两性交合、交融的结果。[4]“一阴一阳之为道……生生之谓《易》。”阴气与阳气之间相互交替而又相互转化，成为宇宙变化的规律，生生不已就叫“易”。[5]这样，万事万物都处在生死循环的过程中，生死转化已经成为

人民出版社，1991年，第161页。

❶ 毛泽东：《对陕北公学毕业同学的临别赠言》，《毛泽东文集》第二卷，北京：人民出版社，1996年，第109页。

❷ 毛泽东：《对东北局关于东北形势及任务决议的修改意见》，《毛泽东文集》第四卷，北京：人民出版社，1996年，第152页。

❸ 参见高亨：《周易大传今注》，济南：齐鲁书社，2009年，第246页。

❹ 参见高亨：《周易大传今注》，济南：齐鲁书社，2009年，第512页。

❺ 参见高亨：《周易大传今注》，济南：齐鲁书社，2009年，第459-461页。

规律，故更生也就是自然而然的事了。庄子论述的重心在于个体精神超然于死生观念之上。只要忘掉人与我、死与生等区别，就能化解掉生死烦恼而获得生之自由感。《庄子 · 大宗师》：“死生，命也。……无古今，而后能入于不死不生。杀生者不死，生生者不生。”他相信死与生都是自然现象，你只要突破古今时间观念的束缚，就能进入不受死生局限的精神境界。而导致生命死亡的和产生生命的，其实都是道，而道则是无所谓死生的。[1] 庄子进而主张通过“心斋”“坐忘”等个体精神途径，“以实际达到忘人我，齐死生，万物一体，绝对逍遥之境界”。[2] 在这里，无论是《易传》的“万物化生”观与庄子的“不死不生”观之间各自有着怎样的不同，它们都体现了生命是可以更生的理念。

这种“化生”或“更生”的传统也为“五四”新文化运动弄潮者所自觉传承。胡适在五四运动当年的 12 月便及时有了总结，认为这股“新思潮”的“意义”在于

---

❶ 参见陈鼓应：《庄子今注今译》（最新修订版）上册，北京：商务印书馆，2007 年，第 209、217–218 页。

❷ 冯友兰：《中国哲学史》，《三松堂全集》第二卷，郑州：河南人民出版社，2000 年，第 432 页。

以“评判的态度”去“研究问题、输入学理、整理国故、再造文明”。而其中的“再造文明”正是“新思潮的唯一目的”。[1]到1927年他进一步论述说：“化黑暗为光明，化神奇为臭腐，化玄妙为平常，化神圣为凡庸：这才是‘重新估定一切价值’。”[2]无论对“化”的理解如何，他显然已有一个明确的理念，即中华文明可以像欧洲文艺复兴那样通过“新思潮”等变革过程而“化”出自己的新生命。

现代新儒家代表之一的冯友兰对此则以“超死生”概念去加以诠释和发挥：“人的精神不能离开身体而存在。身体既不能超死生，则精神亦不能超死生。所以我们不能说，人的精神，可以超死生，而只能说，人在精神上可以超死生。所谓人在精神上可以超死生者，是就一个人在天地境界中所有底自觉说。他在天地境界中自觉他是超死生底。”[3]这里说人在精神上可以“超死生”，

---

[1] 胡适：《新思潮的意义》，《胡适文集》第2卷，北京：北京大学出版社，1998年，第551、558页。

[2] 胡适：《整理国故与“打鬼”》，《胡适文集》第4卷，北京：北京大学出版社，1998年，第117页。

[3] 冯友兰：《新原人》，《三松堂全集》第四卷，郑州：河南人民出版社，2000年，第624页。

实际上就等于说人在精神上可以主动地求取更生。而当人在精神上实现“超死生”时，就有可能在现实中走出生与死的严峻困扰而冷静地探寻更生路径，从而也有可能由此获取真正的更生。

现代中国应当如何传承这种以“万物化生”观和“不死不生”观为代表的古典文化的“更生”传统？钱穆《国史大纲》指出：

> 不知今日中国所患，不在于变动之不剧，而在于暂安之难获。必使国家有暂安之局，而后社会始可以有更生之变。所谓更生之变者，非徒于外面为涂饰模拟、矫揉造作之谓，乃国家民族内部自身一种新生命力之发舒与成长。而牖启此种力量之发舒与成长者，“自觉”之精神，较之效法他人之诚挚为尤要。[1]

重要的是，首先需要国家争取到一种“暂安之局”，以便在其中培育一种可以导致“新生命力之发舒与成

---

[1] 钱穆：《国史大纲（上）》，《钱宾四先生全集》第27卷，台北：联经出版事业股份有限公司，1998年，第55页。

长”的个体“‘自觉’之精神”，从而实现中国文化之“更生”。他把国家的“暂安之局”同个体的自觉精神紧密联系起来，见出两者之间在文化更生问题上的互动关系。

可以说，按照中国文化传统，文化的更生在根本上取决于内在的精神自觉，特别是自觉地利用自身内部的文化异质性因素及参酌外来异文化力量。文化更生，不是凭空而更生，而是善于借力的更生，尤其是善于借文化异质性因素之力而更生。

二、文生的现代方略

在理论上回溯中国自身的文化更生观念传统并不难，难的是在现实中切实找到实现文化更生的现代通道。百余年来，中国现代知识分子不断探索文化更生之道，留下若干依稀可辨的沧桑足迹。这里略举其中几例。与此同时，作为世界上文化更新的突出范例之一的欧洲文艺复兴文化，也需要适当涉及，以为参照。

1. 种族革命与“群学”

早在甲午战败后，严复在反思中国失败的惨痛教训时，就提出借力西方异文化而实现种族革命的文化更生构想。他深感“夫民智已下矣，民德已衰矣，民力已困矣”，提出“民智日开，民力日奋，民德日和”[1]等主张。他设想中的“群学”包含两种形态：一是“生学”，注重身体之“生生之机”，崇尚“力”与“形”；二是“心学”，处理人面对世界时的精神状态，标举“德”与“神”。他由此探索“一种之所以强，一群之所以立”的种族革命道路，将“群学”划分为三层面：“盖生民之大要三，而强弱存亡莫不视此：一曰血气体力之强，二曰聪明智虑之强，三曰德行仁义之强。是以西洋观化言治之家，莫不以民力、民智、民德三者断民种之高下，未有三者备而民生不优，亦未有三者备而国威不奋者也。”[2]他具体论述了这三层面的重要性：“是故国之强弱贫富治乱者，其民力、民智、民德三者之征验也，必三者既立

---

[1] 〔清〕严复：《原强》，《严复全集》（卷七），福州：福建教育出版社，2014年，第21–22页。

[2] 〔清〕严复：《原强（修订稿）》，《严复全集》（卷七），福州：福建教育出版社，2014年，第25页。

而后其政法从之。于是一政之举，一令之施，合于其智、德、力者存，违于其智、德、力者废。”[1]他的种族革命的“要政”集中于“三端”：“鼓民力”“开民智”“新民德”。[2]应当说，这“三端”实际上高度概括了中国文化更生急需着力建设的身体培育、科学教育和精神涵养三方面，富于远见卓识。

不过，与他自己的译著确实在“开民智”领域起到先锋作用相比，“鼓民力”和“新民德”以及持续的“开民智”等功夫，则需要一代代仁人志士接力式地去承担。

2.“少年中国”与“新民”

梁启超同样致力于思想界的文化启蒙使命，但在文化更生问题上标举新的“少年中国”说。他在1900年以《少年中国说》针对日本人“袭译”西方而蔑视中国的所谓“老大帝国”之说，阐述了有关中国文化更生的“少年中国”观。“欧洲列邦在今日为壮年国，而我中国在今

[1] 〔清〕严复：《原强（修订稿）》，《严复全集》（卷七），福州：福建教育出版社，2014年，第31页。

[2] 〔清〕严复：《原强（修订稿）》，《严复全集》（卷七），福州：福建教育出版社，2014年，第32页。

日为少年国。”[1]一旦把中国设想为“少年国”，中国文化的更生之机豁然开朗：“少年智则国智，少年富则国富；少年强则国强，少年独立则国独立；少年自由则国自由，少年进步则国进步；少年胜于欧洲则国胜于欧洲，少年雄于地球则国雄于地球。……美哉我少年中国，与天不老！壮哉我中国少年，与国无疆！”[2]

或许是为了让“少年中国”说落到实处，梁启超随后在1902至1906年间连续发表20篇系列论文，后来汇集为《新民说》。这里的“新民”，也就是个人和民族的更新及更生之意，所以，中国文化要以“少年中国”的生机勃勃方式实现更生，实质上就等于“新民”。作者在文中系统地论述了民族主义、公民精神等题旨，全面地阐述了中国民族国家建构和文化现代性建设的方略。其中涉及的具体的“新民”要素或途径有：“国家思想”“公德”“私德”“自由”“自治”“权利”“义务”“政治能力”等。

---

[1] 梁启超：《少年中国说》，吴松等点校：《饮冰室文集点校》第二集，昆明：云南教育出版社，2001年，第698页。

[2] 梁启超：《少年中国说》，吴松等点校：《饮冰室文集点校》第二集，昆明：云南教育出版社，2001年，第700页。

梁启超的“新民”说的基本精神，在于让中国个体及中华民族都能以“少年”或“新民”的崭新姿态屹立于世界，为中华文化更生奠定现代国家建构及现代公民人格建构的精神基础。这里显然汇入了来自西方异文化的诸多关键要素，表达了面向西方异文化全面开放的坚决态度。

3.“立人”及“尊个性”

鲁迅在其早年也曾有过借力西方异文化而寻求文化更生的思想。他的《文化偏至论》（1908）回荡着一种“以获新生为其希望，专向旧有之文明，而加之掊击扫荡”的气象，以及构筑“二十世纪文化始基”的愿景，这就相当于是一篇集中探讨借力西方异文化而实现文化更生方略的学术论文。

鲁迅的主要观点在于，中国要在全球列强环伺的激烈竞争中获得文化更生，必须致力于“人国”的建立，而其范本就是来自西方的异文化。这个“人国”，在他看来，就应当是不同于古老皇权专制的新型民主、自由及人道的国度：“扫荡门第，平一尊卑，政治之权，主以百姓，平等自由之念，社会民主之思，弥漫于人心。”

他的国家与文化理想的范本，是法国大革命以来形成的一整套现代性文化价值理念，如“平等自由，为凡事首，继而普通教育及国民教育，无不基是以遍施”，“人类之尊严”“个性之价值”“自觉之精神”“社会民主之倾向”“使天下人人归于一致，社会之内，荡无高卑”等。而要建成这种“人国”，“其首在立人，人立而后凡事举”，可见在他看来中国个体的更生最要紧，是文化更生的先决条件。而要“立人”，需要“外之既不后于世界之思潮，内之仍弗失固有之血脉，取今复古，别立新宗”，这相当于主张树立本文化与异文化之间寻求间性涵濡的新风尚。在如此新文化风尚中，才有可能涵养具有“个性之尊严，人类之价值”之“人”，也即培育出“尊个性而张精神”“掊物质而张灵敏，任个性而排众数”的中国新人。有了这样的新“人”，才可能让中国“屹然独见于天下”。[1]从这些“立人”及“尊个性”等思想，可见出鲁迅后来的改造国民性、重铸民族魂、重建民族人格等成熟思想的早期萌芽。由此可见，鲁迅始终是一名坚定

[1] 鲁迅：《文化偏至论》，《鲁迅全集》第1卷，北京：人民文学出版社，2005年版，第50、49、51、53、57、58页。

的面向异文化大胆开放而又认为必须重新建构中国文化自身的主体性的思想者。

4.“中国人生态度复兴”与“天人合一”

上面三种文化更生方略，无一例外地体现了师法西方异文化之文化现代性范本而建构中国文化现代性的思路，而作为现代新儒家的梁漱溟的方案却独辟蹊径，带有返身回眸的强烈怀旧感和“复古”倾向。准确点说，他在五四运动时期已跃升为主流的向西方师法“德先生”“赛先生”的风潮之外，掀起了一场复兴中国古典文化并使其更生的另类思想运动，尽管在当时显得那么势单力薄，甚至冒着被斥为逆历史潮流而动的保守主义的巨大风险。不过，他并不是简单地回头走闭关自守的文化更生道路，而是始终以外来异文化为参照系。简要地说，他力排众议地要在中国文化传统与西方文化和印度文化的“三方文化”比较中，找到以“中国文化复兴”为标志的文化更生方略。

据他分析，“三方文化”呈现出这样的局面：一是“西洋生活是直觉运用理智的”；二是“中国生活是理智运用直觉的”；三是“印度生活是理智运用现量的”。[1]今天回看，尽管这样的跨文化比较显得很粗略和简单，很难落到实处，更无法在科学实验层面得到证实；但是，它对这三种文化特征的跨文化比较分析，特别是对中国文化自身特征的跨文化反思，却体现出非凡的洞见和高度前瞻的智慧：与西方文化擅长于运用理智方式把握生活，甚至擅长到深入其直觉深层的程度相比，中国文化擅长于以直觉方式去把握生活，乃至擅长到清醒的理智程度！这样的文化比较阐释的价值，与其说是把西方文化特征了解透彻了，不如说更多的是在于对中国文化自身的特征的返身审视上。梁漱溟肯定地说：“这凭直觉的生活是极高明的一种生活，要理智大发达之后才能行的。所谓以理智运直觉的其实是直觉用理智，以理智再来用直觉，比那单是直觉运用理智的多一周折而更进一层。一切生活都由有我，必有我才活动才生活。”[2]这些分析，对今天深入总结我们自身的理智地运用直觉的文化传统，

---

[1] 梁漱溟：《东西文化及其哲学》，《梁漱溟全集》第一卷，济南：山东人民出版社2005年，第485页。
[2] 梁漱溟：《东西文化及其哲学》，《梁漱溟全集》第一卷，济南：山东人民出版社2005年，第486页。

以及将其向世界上其他文化即异文化加以传播，依旧是富于启迪价值的和有着未来预见的。他甚至充满自信地预测说："世界未来文化就是中国文化的复兴，有似希腊文化在近世的复兴那样。"[1]

当然，梁漱溟并没有盲目自信，而是冷静地指出："批评的把中国原来态度重新拿出来。"[2]他强调中国文化传统需要以"批评"或"自我批评"的态度去重新总结和发掘。他明确反对那种把清代学术和"五四"新文化运动分别比作中国的文艺复兴的观点，认为前者没有展现"中国人生态度复兴"，后者"只是西洋化在中国的兴起"，它们都不能算作中国的文艺复兴。"若真中国的文艺复兴，应当是中国自己人生态度的复兴；那只有如我现在所说可以当得起。"[3]在他看来，中国文化复兴的关键点在于"中国自己人生态度的复兴"。

这个观点在多年后得到另一位现代新儒家钱穆的

---

[1] 梁漱溟：《东西文化及其哲学》，《梁漱溟全集》第一卷，济南：山东人民出版社 2005 年，第 525 页。

[2] 梁漱溟：《东西文化及其哲学》，《梁漱溟全集》第一卷，济南：山东人民出版社 2005 年，第 528 页。

[3] 梁漱溟：《东西文化及其哲学》，《梁漱溟全集》第一卷，济南：山东人民出版社 2005 年，第 539 页。

有力响应。钱穆于1990年在自己临终前的遗稿中，“深信中国文化对世界人类未来求生存之贡献”就在于中国式“天人合一”观。这种“天人合一”观主张，“天”与“人”应当合起来看，而不应当向西方那样分开来看。“天”就是“人”，“人”就是“天”，一切“人生”都是“天命”。“天命”终究表现在“人生”上，离开“天命”也就无法讲“人生”，从而“天命”与“人生”是和合为一的。这种“天人合一”观是中国人的人文观或人文学、天文观或天文学，也就相当于中国人的宗教信仰。一切人文演进都需要顺从“天命”而不是违逆它，违背了“天命”就无人文可言。他由此认为，“天人合一”观是“中国古代文化最古老最有贡献的一种主张”。他甚至预言说：“因于中国传统文化精神，自古以来即能注意到不违背天，不违背自然，且又能与天命自然融合一体。我以为此下世界文化之归趋，恐必将以中国传统文化为宗主。”[1] 按照他的上述遗训，不仅当代和未来中国文化更生的法宝在于“天人合一”，而且当代和未来整个世界文

---

[1] 钱穆：《中国文化对人类未来可有的贡献》，《中国文化》1991年第1期，第93–94页。

化的更生法宝也都在此。这种中国文化自信及其对世界文化更生的贡献预期，确实令人感叹！

这里的“中国人生态度复兴”和“天人合一”方略之间虽然有所不同，但在返身回到中国自己的文化传统中去寻找文化更生的动力方面，是高度一致的；从而同前三个方略的面向西方异文化借鉴之间，形成了鲜明的差异。不过，这里的返身回到中国自己的文化传统，并不简单地等同于“复古”，而不过是在西方异文化的挤压与启迪双重影响下的一种新的自我发现和自我建构。借助于西方异文化的镜子，特别是欧洲文艺复兴这一范本，中国自我得以远比古代时那样更清晰地发现自己的应有的本来面目。

5. 文艺复兴及其在中国

这就需要讨论到欧洲的文艺复兴。前面曾提及，梁漱溟反对那种把清代学术文化和“五四”新文化运动视为中国的文艺复兴的观点。确实，胡适就曾经认为，“五四”是中国的文艺复兴。而稍后的李长之起来质疑他，转而认为应当把“五四”视为中国的启蒙运动，而把中国的文艺复兴投寄到未来下一阶段，中国的这两次文化运动的顺序与欧洲的两次文化运动顺序相比是倒过来的，所以他的书名就叫《迎中国的文艺复兴》。欧洲文艺复兴这个词，其内涵实际上也就大体相当于欧洲文化更生，因此有必要在此做适当讨论。

说到欧洲文艺复兴，其实它本身就有着悠久的历史与文化渊源。基督教就有耶稣死后三天“复活”的记载，人死后其灵魂会进天堂或地狱。希腊神话中的酒神狄奥尼索斯，也经历了诞生、受难、死亡、第二次诞生或再生的曲折历程，而酒神仪式中就伴随这种生死循环的过程。在尼采看来，酒神仪式中的主角酒神本人后来逐渐演变成为欧洲悲剧中的主角：“直到欧里庇德斯，狄奥尼索斯向来都是悲剧主角，希腊舞台上的所有著名角色，普罗米修斯，俄狄浦斯等等，都只是那个原始的主角狄奥尼索斯的面具而已。”这个万能的主角面具甚至还继续推演出远为多样的艺术形象来：“这一个真正实在的狄奥尼索斯以多种形象显现，戴着一个抗争英雄的面具，仿佛卷入个别意志之网中。”[1] 在尼采的现代阐释中，那几乎

---

[1] [德]尼采：《悲剧的诞生》，孙周兴等译，上海：上海人民出版社，2016年，第61页。

所有的欧洲文艺中的主角或者其他艺术形象都可以溯源到酒神，而酒神本身又恰恰包含再生或第二次诞生的意味。

不过，欧洲文艺复兴作为一场影响深远的文化运动，其发生有着复杂的缘由，这里只能约略论述。文艺复兴，Renaissance，由 re-“重新”和 naissance“出生”构成，本义为重新出生、再生或第二次诞生。文艺复兴虽然主要是指古典学术的复兴、再生或更生，但作为一场包括政治、思想、文化、艺术等领域在内的综合运动，涉及的方面众多，引发深广的变迁。伏尔泰较早注意到文艺复兴所具有的从衰亡中获得更生的意味：“各种艺术仿佛彼此携手并行，通常总是同时衰亡，同时复兴。它们在意大利，从野蛮的废墟之中破土而出。”[1] 这里有关“从野蛮的废墟之中破土而出”的论述，揭示了文化更生过程中文化异质性因素所扮演的特定角色。如果说，当时的意大利处在“野蛮”之中，那么，促使人们从“野蛮”中解放出来的古典范本显然就代表着来自异文化的

[1] [法]伏尔泰：《风俗论——论各民族的精神与风俗以及自查理曼至路易十三的历史》中册，北京：商务印书馆，1997年，第215页。

积极的更生力量了。

在出版于1860年的《意大利文艺复兴时期的文化》中，雅各布·布克哈特（Jacob Burckhardt，1818—1897）首度对意大利文艺复兴运动作了全面而深刻的研究。他申说一个基本观点：“征服西方世界的不单纯是古典文化的复兴，而是这种复兴与意大利人民的天才的结合。”在他看来，来自古希腊和罗马的古典学术影响确实存在，“自十四世纪以来，在意大利生活中就占有如此强有力地位的希腊和罗马的文化，是被当作文化的源泉和基础，生存的目的和理想”[1]，“诗人学者的陆续辈出、先后辉映，使得意大利和整个世界充满了对于古代的崇拜，决定了教育和文化的形式，始终在政治事务上处于领导地位并在不小的程度上再造了古代文学”。[2]然而，这只是事情的一方面，甚至不是决定性的一方面，“文艺复兴不仅是片段的模仿或零碎的搜集，而是一个新生”。[3]当这种古

[1] [瑞士]雅各布·布克哈特：《意大利文艺复兴时期的文化》，何新译，北京：商务印书馆，2007年，第184、185页。

[2] [瑞士]雅各布·布克哈特：《意大利文艺复兴时期的文化》，何新译，北京：商务印书馆，2007年，第298页。

[3] [瑞士]雅各布·布克哈特：《意大利文艺复兴时期的文化》，何新译，北京：商务印书馆，2007年，第189页。

典文化复兴萌芽与意大利新兴的市民生活方式潮流相遇合时，文艺复兴才变成现实。“这需要一种市民生活的发展，而这种发展只是在当时的意大利才开始出现，前此是没有的。这就需要贵族和市民必须首先学会在平等的条件下相处，而且必须产生这样一个感到需要文化并有时间和力量来取得文化的社交世界。”不如说，此时新兴的或者正在崛起的市民生活方式迫切“需要一个向导，并在古代文明的身上找到了这个向导，因为古代文明在每一种使人感到兴趣的精神事业上具有丰富的真理和知识。人们以一种赞羡和感激的心情采用了这种文明的形式和内容，它成了这个时代的文明的主要部分。人民的精神这时已经觉醒到认识到了自己的存在，并要寻求一个可以依以存在的新的稳固的理想。”[1] 可以说，按照他的观点，当意大利新兴的市民生活方式主流找到了古典文化范本作为合适的“向导”时，文艺复兴运动就兴盛起来。根本的是，新兴的意大利市民生活方式包含有追求市民与贵族平等相处、热爱美与艺术并愿意让它们成为

---

[1] [瑞士]雅各布·布克哈特：《意大利文艺复兴时期的文化》，何新译，北京：商务印书馆，2007年，第189页。

市民日常生活的组成部分等新内涵，这些新生活向往从早已消逝的、在当时条件下还被归属于异文化范畴的希腊罗马文化遗产中找到了理想的向导，从而实现文化的再生。因此，这种文化再生根本上是意大利人民凭借其天才对古希腊罗马等异文化遗产加以创造性吸收和改造的成果。

正由于这种再生中蕴含着新的天才般的创造，文艺复兴“并不简单地是古典的文学、艺术的复活，更是新的学术的创建；这就是说，它不只包括了‘再生’，而且还涵摄着‘新生’。不过再生与新生实际上乃是一体的两面，而非两个截然不同的东西。这一体又是什么呢？简言之，便是‘人’的重新发现。”面对基督教神学对个人创造力的禁锢，文艺复兴的学者与艺术家全力以赴地力求摆脱这种禁锢的束缚，“另创造一个以人为中心的艺术与学术的世界”。[1]而这种以人为中心的艺术世界的标志，正像阿尔弗雷德·韦伯（Alfred Weber，1868—1958）所分析的那样，可在米开朗基罗的雕塑形象中获

[1] 余英时：《民主制度与近代文明》，《余英时文集》第六卷，桂林：广西师范大学出版社，2014 年，第 162 页。

得典范性显现。与古希腊罗马雕塑的主人公主要是神话传说中的诸神不同，米开朗基罗的雕塑的鲜明特征在于其主人公是真正来自尘世生活的人，不过又是特别能够指向“与人的尊严、伟大、美丽的和谐相称”的“根本之事物”的那种“大人物”：“他所创作的所有形象几乎都是规模普通，但却尽显高大伟岸，使人感到他们能战胜一切困难”，从体魄上看“有着极其强健的肌肉，好像要挣开周围环境中社会建构的规制”。归根到底，这里不只是出于对古希腊罗马雕塑的被动模仿，更主要的是新的主动创造的结晶：“文艺复兴鼎盛时期的艺术人物是由想像创造出来的，这种想像因其中的种种预示未来的幻想而创造了这个时期的艺术高峰，因为文艺复兴的全部双重内涵、基督教对文艺复兴的深化和古典化的尘世生活，在这里合为一体，使人一目了然。”[1] 参照古典范本而又能根据新生活需要去实现新的创造，这样的文化更生何乐而不为？

也正是由于上述欧洲文艺复兴艺术作为文化更生

[1] [德]阿尔弗雷德·韦伯：《文化社会学视域中的文化史》，姚燕译，上海：上海人民出版社，2006年，第271–272页。

范例的有力感召，中国现代知识分子为中国自己的文化更生找到了属于自身文化的理想参照。以欧洲文化复兴这种异文化为中国文化更生的参照系或理想范本，他们返回中国古代，找到了“魏晋风度”或“晋人的美”等中国自己的文化复兴“向导”。章太炎在《革命道德说》（1906）中用“光复”去解释中国的“革命”：“吾所谓革命者，非革命也，曰光复也。光复中国之种族也，光复中国之州郡也，光复中国之政权也。以此光复之实，而被以革命之名。”[1] 这里的“光复”一词，既不是照搬西方异文化的结果，也不是自无而有的全新创造，而是包含有古典文化“更生”的内涵。当然，他看到了意大利文艺复兴的参照作用：“彼意大利之中兴，且以文学复古为之前导，汉学亦然，其于种族固有益无损。”[2] 这里的“文学复古”应当就是“文艺复兴”，此时的他显然已经明确地产生了参照意大利文艺复兴而推进中国的“光复”或“革命”的思想。

---

[1] 章太炎：《革命道德说》，《章太炎全集 · 太炎文录初编》，上海：上海人民出版社，2014 年，第 284 页。

[2] 章太炎：《革命道德说》，《章太炎全集 · 太炎文录初编》，上海：上海人民出版社，2014 年，第 285 页。

从胡适在20世纪50年代的口述回忆录可知，他和一些北大学生领袖在“五四”新文化运动之初，就有意识地将这场运动与“文艺复兴”联系起来，突出其对中华文明的再生意义：“中国古老的文化已经腐朽了，它必须要重新生长过”，而胡适本人正喜欢称之为“中国文艺复兴”。他担任“指导员”的北大学生社团杂志《新潮》，其英文刊名便叫Renaissance（文艺复兴）。“他们把这整个的运动叫作‘文艺复兴’可能也是受我的影响。”正像欧洲文艺复兴是“从新文学、新文艺、新科学和新宗教之诞生开始的”，并且出于“对新语言、新文字、新［文化交通］工具——也就是新的自我表达的工具之需要”一样，中国的“新思潮”也“实在是个彻头彻尾的文艺复兴运动，是一项对一千多年来所逐渐发展的白话故事、小说、戏剧、歌曲等活文学之提倡和复兴的有意识的认可”。[1]至于对此前提及的“再造文明”，他有进一步的阐释：“通过严肃分析我们所面临的活生生问题，通过由输入的新学理、新观念、新思想来帮助我们了解和解决这

[1] 胡适：《胡适口述自传》，《胡适文集》第1卷，北京：北京大学出版社，1998年，第339-340页。

些问题，同时通过以相同的批判的态度对我国固有文明的了解和重建，我们这一运动的结果，就会产生一个新的文明来。”[1]可见，以胡适为代表的一些“五四”新文化运动参与者，确实曾以“中国文艺复兴”的姿态去呼唤中华文明的再生或更生。

此后对“魏晋风度”的研究，想来应与寻觅中华文明的再生动机多少有点关联。鲁迅在1927年作了《魏晋风度及文章与药及酒之关系》的演讲，对中国文化中的“魏晋风度”及其在“文学的自觉时代”方面的意义作了影响深远的阐发。他认为，“想研究某一时代的文学，至少要知道作者的环境，经历和著作”。由此出发，他肯定“这时代的文学的确有点异彩”，这“异彩”随着时代更替而持续变换色调：汉末魏初文章风格为“清峻，通脱，华丽，壮大”，魏末晋初则变为“师心”和“使气”，后来再变为“不做文章而流为‘清谈’”（如《世说新语》），到晋末“文章便更和平”。[2]继这一开拓性研究后，宗白

[1] 胡适：《胡适口述自传》，《胡适文集》第1卷，北京：北京大学出版社，1998年，第344页。

[2] 鲁迅：《魏晋风度及文章与药及酒之关系》，《鲁迅全集》第3卷，北京：人民文学出版社，2005年，第523-539页。

华在 1941 年更直接把“晋人的美”同欧洲“文艺复兴”相提并论：“这是中国人生活史里点缀着最多的悲剧，富于命运的罗曼司的一个时期，八王之乱、五胡乱华、南北朝分裂，酿成社会秩序的大解体、旧礼教的总崩溃、思想和信仰的自由、艺术创造精神的勃发，使我们联想到西欧十六世纪的‘文艺复兴’。这是强烈、矛盾、热情、浓于生命彩色的一个时代。”他相信这个时代是“最富有艺术精神的一个时代”，因为它产生了如下最具代表性意义的艺术家及其不朽的艺术杰作，如王羲之和王献之父子的书法，顾恺之和陆探微的绘画，戴逵和戴颙的雕塑，嵇康的琴曲《广陵散》，曹植、阮籍、陶潜、谢灵运、鲍照、谢朓等的诗，郦道元等的写景文，云岗、龙门石窟造像艺术等。[1] 宗白华如此高调地张扬“晋人的美”，正是要为在现代文化危机时刻寻求更生的中国文化树立起可资借鉴的理想范本。

欧洲文艺复兴就这样与中国现代知识分子所自觉承担的中国文化更生使命联系了起来，其共同点就在于，

[1] 宗白华：《论〈世说新语〉和晋人的美》，《宗白华全集》第 2 卷，合肥：安徽教育出版社，2008 年，第 267–268 页。

不是简单地按照外来异文化范本而另起炉灶地自创新文化，而是返身找回自身古典文化范本而实现文化更生。在这个意义上，意大利文艺复兴以古希腊罗马文化为“向导”与中国重新挖掘“魏晋风度”或“晋人的美”一样，都是为了适应各自的新兴生活方式的变革需要。其实，这一点对文艺复兴时期的意大利而言，与对一心朝向文化复兴时刻的现代中国而言都是一样的，这就是：那早已消逝的古典文化的复兴，在此时不过是起到“向导”或范本的作用，真正具有决定性作用的还是现实的社会方式变革需要。

有关文生的现代方略还有不少，这里只说出其中的几种来。这些洞见虽然至今仍旧无法得到科学实验的证实或人文社科研究的充足证明，但作为文化更生方略中的一些，无疑给今人留下了可供借鉴的有力足迹，足可引起人们继续探讨的兴趣。其中值得借鉴的共同点在于，它们无一例外地要求借助于文化异质性因素（既包括外来异文化，也包括本土文化中已经演变成异质性因素的传统）去实现中国文化的更生。由此看，面向外来异文化的启蒙方略与返回自身古典文化传统的复兴方略之间存在着可以持续对话的开阔空间。

三、文生的标志

谈到文化更生即文生的标志或特征，可谓见仁见智，难以找到统一意见。在古代中国，孔子的“克己复礼为仁”的方案，把文生的标志确立为衰落的“周礼”即周代确立的一整套社会价值系统在他当时的“春秋”时代社会现实中的复兴；老子和庄子则相信，文生的标志应当在于通过“绝圣弃辩”或“绝圣弃知”以及相应的“心斋”“坐忘”“虚静”等具体方式，回归于自然之道。在现代中国，严复、梁启超、鲁迅、梁漱溟（和钱穆）、章太炎等分别提出了不同的更生方略，其中的主流标志在于借鉴西方异文化而实现更生，但也有复兴中国人的人生态度（理智的直觉）或人文观（天人合一）的。可见，在中国无论古今，人们眼中的文生的标志都不同，很难求得一致的意见。

在西方，文化更生方略也各有其不同，即便是以希腊文化为更生范本的方略也是如此。德国美术史家温克尔曼（Johann Joachim Winckelmann，1717—1768）在研究古代希腊罗马美术史时，专门找出的标志性关键词是“静穆”，确切地说，他认为“希腊杰作有一种普遍和主要的特点，这便是高贵的单纯和静穆的伟大。”❶不过，他刨根究底地认为：“希腊人在艺术中取得优越性的原因和基础，应部分地归结为气候的影响，部分地归结为国家的体制和管理以及由此产生的思维方式，而希腊人对艺术家的尊重以及他们在日常生活中广泛地传播和使用艺术品，也同样是重要的原因。”❷在他的有关多种缘由的综合考量中，最关键的一点还在于“高贵的单纯和静穆的伟大”所透露出来的希腊人的自由思维方式。可见，他从希腊艺术的“静穆”中所偏爱的还是人的自由，从而对文化更生的标志的认识也与自由有关。多年后，政治哲学家汉娜 · 阿伦特反思希腊遗产时，尽力标举的也还是由希腊城邦制度所奠定的以自由思维和论辩为核心的公共领域及为了自由的实现而进行的主动行动。❸

不过，英国思想家马修 · 阿诺德（Matthew Arnold，

---

❶ [德]温克尔曼：《关于在绘画和雕刻中模仿希腊作品的一些意见》，据《希腊人的艺术》，邵大箴译，桂林：广西师范大学出版社，2001年，第17页。

❷ [德]温克尔曼：《论希腊人的艺术》，据《希腊人的艺术》，邵大箴译，桂林：广西师范大学出版社，2001年，第107–108页。

❸ 参见[美]汉娜 · 阿伦特：《人的境况》第五章，王寅丽译，上海：上海人民出版社，2009年，第137–198页。

1822—1888）却主要是从“完美人性”这一颇为不同的角度去诠释“希腊精神”的标志的：“我们应该在一切方面引入希腊精神，以全面和谐发展的完美人性的理想指导我们的人生。”❶ 在他看来，希腊精神所代表的文化的使命就在于“更充分、和谐地造就人性，让思想自由地作用于习以为常的观念”，培育“意识的自发性”，带给人们“美好与光明”。而这正与文化本身的使命相通：“文化所产生的所培育的正是这些。”❷ 出于这种与“完美”紧密相连的文化概念，他设想的是，将作为“人的两大自然动力”的希伯来精神和希腊精神统合成为同一股力量，使得“思想走正道，行动强有力，如此推动着人类走向完美”。❸ 归根到底，还是“完美”成为他心目中的文化更生的标志。而在他的文化更生方略中，无论是希腊精神还是希伯来精神都更多地成为他理想中“完美”的代名词了。很可能的是，他根据自己所理解的当时英国社

❶ [英] 阿诺德：《文化与无政府状态：政治与社会批评》，韩敏中译，北京：生活 · 读书 · 新知三联书店，2002 年，第 144 页。
❷ [英] 阿诺德：《文化与无政府状态：政治与社会批评》，韩敏中译，北京：生活 · 读书 · 新知三联书店，2002 年，第 147 页。
❸ [英] 阿诺德：《文化与无政府状态：政治与社会批评》，韩敏中译，北京：生活 · 读书 · 新知三联书店，2002 年，第 199 页。

会面临的严重缺失和急切需要，心中归纳出属于文化的“完美”观念，然后从“两希精神”中处处都能找到“完美”的标志。

对中国文化现代性进程而言，判断其文化之更生是需要找到其特有的标志的。中国文化更生的标志性特征可以列举不少，其中哪些是必不可少的呢？我曾在十多年前的《中国现代学引论：现代文学的文化维度》中对中国文化现代性的特征作做过分析。考虑到中国文化现代性的特征实际上也就约略相当于中国文化更生的标志，这里在其基础上略加调整和补充。如果将中国文化现代性或中国现代文化更生过程视为费尔南·布罗代尔（Fernand Braudel，1902—1985）意义上的“长时段”历史过程，而其中又分别包含若干中时段、中时段内又包含若干短时段的话，那么可以说，从晚清至今的中国文化现代性或现代文化更生进程业已经历了两个长时段：第一个长时段为中国现代Ⅰ，第二个长时段为中国现代Ⅱ。（或许第三个长时段业已在当下百年未有之变局中逐渐展开了，但需另行论述。）以下分别论述。

中国现代Ⅰ，是指晚清至20世纪70年代在封建帝制衰落中探寻政治、经济、社会和文化等主权独立道路的时期，其特征主要表现为上述地球模式、民族协同观、制度转型论、道器互动说和人权说等五方面。[1]地球模式，是指中国走出古典“天圆地方”的“天下”格局而确认自身为地球上的民族国家，需在与其他国家的激烈竞争中重新寻求政治、经济、社会和文化等主权的独立自主。民族协同观，表明中华民族已打破古典中优外劣观而探寻与世界上其他民族平等合作、协同发展的道路。这里的“协同”一词借自鲁迅：“想在现今的世界上，协同生长，挣一地位，即须有相当的进步的智识，道德，品格，思想，才能够站得住脚：这事极须劳力费心。”他告诫说，现代中国不能关起门来独自沉醉于“国粹”中，不能“粹太多”和由此而来的“太特别”，而是要“与种种人协同生长，挣得地位”。[2]中国的新的世界地位的获得只能去“挣得”。制度转型论，显示古代封建帝制转化为现代共和制后需持续完善和成熟并形成新的合理化体制和机制。道器互动说，是指化解古典之道与现代器物间

---

[1] 以下有关中国现代 I 的特征的分析，均见我的《中国现代学引论：现代文学的文化维度》，北京：北京大学出版社，2009 年，第 52-98 页。

[2] 鲁迅：《热风 · 三十六》，《鲁迅全集》第 1 卷，北京：人民文学出版社，2005 年，第 323 页。

的紧张关系后建立起现代之道与现代器物之间的新型关系。人权说，要求改变古代社会等级制而建立现代人权和人道主义理念基础上的自由与平等关系，使得现代中国人能够具有与世界上其他民族的个人同等的生存、对话及交流资格。

中国现代Ⅱ，是指20世纪80年代至今在政治、经济、社会和文化等主权独立业已完成基础上进而寻求重返世界秩序中心的时期，其特征可以说主要表现为世界秩序重构、民族富强观、制度优化论、道器和谐说和全融人格说等。这是在中国现代Ⅰ基础上持续建构的过程及其结果。世界秩序重构，是指寻求中国在世界格局中的地位提升和作用增强的可能性。这可能不再是对现代民族国家之中心地位的寻求，而是对古典“天下主义”或“文化主义”意义上的人文关联体理念的复兴。因为从古典“天下主义”或“文化主义”理念的现代性形态着眼，不再是国家霸权而是“人文化成”应当成为新世界秩序建构的基石。民族富强观，是指中华民族从主权上的独立自主进而向着物质富裕和精神高远标准而持续提升的过程。制度优化论，是指中国社会制度在现代共和制基础上向着更高的公平、公正、人道和法治等治理体系成熟和完善的过程。道器和谐说，是指继古代的以道驭器说、现代的道器互动说之后的以道驭器下的道器交融及道器和谐境界。当古代的以道驭器说本身无法适应现代工业化以来的科技革命形势，以及现代Ⅰ的道器互动说也难以化解中国古代世界观与现代科技革命之间的张力时，重新树立古今融合基础上的以道驭器引导下的道器交融与和谐观，就成为一种必然的选择。全融人格说，是指对于全面发展的、自由的、完整的和融合的人格的追求。孔子的以“文质彬彬”为代表的“君子”理念设计、老庄的以“绝圣弃辩”“绝圣弃知”“虚静”等为代表的“无为而治”观念、梁漱溟的“理智的直觉”论、钱穆的“天人合一”观、马克思的“自由人联合体”构想、席勒的“人的完整性”之说等，可以在相互综合和交融的意义上成为这种全融人格说的范本。

四、文生的呈现方式

说到文生即文化更生的呈现方式，就需要讨论中国文化现代性进程中文化更生的具体的在世生成方式。这种在世生成方式具体表现为多样化的选择路径。在这里，孙中山有关自身的“中国革命”的三种“主义”的区分可以加以借鉴：“余之谋中国革命，其所持主义，有因袭吾国固有之思想者，有规抚欧洲之学说事迹者，有吾所独见而创获者。”[1] 这种三分模式为历史学家陈旭麓所肯定：“因袭——规抚——创获，是人类文化史上具有永恒意义的命题，一切民族的国家都会有这种相似的经历，只是有悠久传统文化的中国，到了近代，受到西方势力的强烈震撼，思想文化上的古今、中西、新旧之争异常尖锐。”[2] 可以说，孙中山的“因袭”方式属于从本民族文化传统中传承，当然有所筛选和改造；“规抚”方式是指从外来异文化中借鉴，当然还是会有所选择和变通，例如现代共和制、司法系统、科学知识等；“创获”方式则是在如上两种方式基础上的独特创造，如三民主义、五权宪法等新思想和新主张。这三种“主义”的区分，为当今人们把握古今中西跨文化对话提供了一种富有启迪

---

[1] 孙中山：《中国革命史》，《孙中山全集》第 7 卷，北京：中华书局，1985 年，第 60 页。

[2] 陈旭麓：《“因袭”、“规抚”、“创获”》，《孙中山和他的时代》，北京：中华书局，1989 年，第 1799 页。

价值的分析框架。同时，本书第三章文涵所述人类学的“濡化”理论中的“顺化”“反向适应”“交融”“稳定性多元化”等途径，也可适当结合起来参考。

由此可以说，文生的呈现方式有如下几种途径：

1. 顺化移生律

这大体可以体现孙中山的“规抚”方式与人类学的“顺化”方式的精神。这是指顺着外来异文化的影响力而移植生成的文化形态。当衰落的、急需自救的本文化面对强大而先进的外来异文化时，不得不对其中富有价值的成果采取学习、借鉴的态度，然后加以改造或转化。从1906年中国留日学生曾孝谷、李叔同等在东京组织春柳社时起，现代话剧逐渐移植到中国，成为一种富于社会影响力的艺术门类。由胡适的《尝试集》开头，以郭沫若、徐志摩、戴望舒、艾青、闻一多等为代表，中国现代诗人在格律诗传统之外新开辟现代白话诗的新道路，其中回荡着浪漫主义、现实主义、象征主义、表现主义等西方文艺思潮。徐悲鸿一面感叹中国传统画学的衰落，一面大力从欧洲引进写实性油画。电影作为新兴的现代艺术门类在中国诞生。这些新兴艺术门类或样式都是顺化移生律的成果。而在文艺理论和美学方面，美、美学、本质观、典型、人民性等无疑也具有同样的意义。

2. 逆向强生律

这可以体现孙中山的“因袭”方式与人类学的“反向适应”方式的相关视角。这是指面对外来异文化影响时逆向而行地返身传承自身的文化传统因素。二胡这一古代的下里巴人乐器在“五四”时期刘天华等的倡导下迅速上升为“国乐”的代表性乐器。梅兰芳等在西方戏剧和音乐刺激下成功地实现京剧振兴的目标。吴昌硕为代表的海上画派锐意发扬古朴、金石传统，又大胆借鉴西洋红颜料，把描绘的目光聚焦到日常事物、动物或植物上，让古老的中国画展现出崭新的生命，从而在复兴中国画方面作出了开创性建树。而这种开创性建树后来在齐白石、黄宾虹、潘天寿等接力下得以绵延不绝。

3. 新旧偕生律

这大致相当于人类学的“交融”方式。这是指本文化在借鉴外来异文化时与之处在有取有舍、相互伴生的状态。黄遵宪的“新派诗”就是把旧格律诗体与一些现代新词语、新观念交融起来，使之相互伴生的例子。徐枕亚的《玉梨魂》以古代书信体和骈文的方式成文，但其中涉及或化用了辛亥革命前后的现代新观念，例如让《红楼梦》所代表的传统与某些汉译外国文艺作品形成复杂的对话关系。张恨水在古代章回体长篇小说规范中安置了现代人生体验，并挖掘了其中蕴含的价值理念。

4. 全涵创生律

这可能接近于体现孙中山的“创获”方式与人类学的“稳定性多元化”之说。这是指那种实现或近乎实现本文化与外来异文化之间的全面的间性涵濡的一种更生方式，表明本文化与异文化之间的跨文化汇通抵达一种理想或近乎理想的状态。《狂人日记》以来的中国现代小说，既有古代白话小说的传承，更有面对西方小说而产生的创造性力量。《野草》以来的现代散文同样是古今中西文化的间性涵濡的结晶。“大海”这一艺术形象的产生，虽然看起来直接借鉴自拜伦以来的西方“大海”形象，但根本上取决于中国现代所生存于其中的地球环境及对周边的“大洋”境遇的体验，同时也有着古代“海”或“四海”形象的深厚的传统依托，可谓古今中西文化间性涵濡的理想产儿。1959 年创作的小提琴协奏曲《梁祝》，将西洋音乐与中国民间文化与艺术全面而又完美地交融于一体。

鲁迅这位集文学家、思想家及革命家等多重身份于一身的伟大先贤，正是全涵创生律的杰出代表。同时，一批艺术家在全涵创生律方面也是杰出的表率：老舍把现代意识与北京地域文化传统体验统合起来，沈从文以现代观念重新发掘古代湘西风情的现代流兴状况，徐悲鸿后期以其“奔马”形象系列而在西方写实绘画与中国水墨传统之间达成融汇，费穆执导的《小城之春》将现代摄影机与水墨传统交融为一种新的中国风格电影，欧阳予倩寻求古典戏曲在现代话剧中的交融，金庸将武侠传统与现代报刊连载小说形式相结合而表达全球化时代中国人的“文化虚根时段的想象性认同”[1]。

上面的几种文化更生路径当然不可能穷尽所有，但无疑是其中最主要的和不可缺少的。与此同时，它们之

[1] 参见我的论文《文化虚根时段的想象性认同——金庸的现代性意义》，《天津社会科学》2001 年第 5 期，第 41-57 页。

间往往有着复杂的相互交融或渗透。更重要的是，它们之间不可能永久地停留在同一个水平上徘徊，而是会伴随整个中国文化现代性进程而发生变迁。但这种变迁不大可能是持续的上升，而是会呈现为更加错综复杂的历史曲线，需要具体分析。

第五章

文　集

文集，是文化集美的简称。作为跨文化学的一个目标性要素，是指文化现代性进程中本文化与异文化的间性涵濡的目标在于多种文化之美的集合而非同一状况，也就是说多种文化之美集合起来并行观赏而不是趋向完全同一。

一、文化美之集束

在当今世界多元文化或文化多样性潮流激荡中，告别“一花独放”格局而承认群芳争妍，有着必然性。文化集美即文集正是要对此格局做一种回应：它指的是一种众美相并、各显其美的多种美与美的集束情形。这意味着不是要求把众多不同文化之美融合为一体或实现同一，而是承认它们各有其独立价值，只是让它们集束起来但又同时保持各自的独立性。

这种集美情形，从集的字形构造本身即可见出。集的本义是指群鸟栖止于树上。如“黄鸟于飞，集于灌木。”（《诗·周南·葛覃》）《说文》：“集，群鸟在木上也。”《尔雅》：“集，会也。”还有把分散开的事物聚合在一起的意思，如“集合”“聚集”“收集”等。《文选·贾谊·过秦论》：“天下云集响应，赢粮而景从。”[1]文化集美之集，用的正是它的集束、聚集、收集等义项，也可以说相当于集束，就是把若干异文化或文化异质性因素集束到一起，但并不真正走向同一或融合，而是依旧保持各自的独立自主性。这也可以说是一种并美。

并字的甲骨文如下：

[1] 参见《古代汉语词典》编写组编：《古代汉语词典》，北京：商务印书馆，2003年，第708页。

繁体字为並，会意字，“象连结二人相并立之形。”[1] 它显然是指二人并立之形，即两个人并肩站立于地的形状。本义就是并行、并列。并还与兼字意思相近，兼字也是会意字，本义为一手执两禾，把两份东西并持着，引申为同时进行几桩事情或占有几样东西。需要看到，这里的集、并、兼都与合字有所不同。合字的甲骨文是：

其字形如上方的盖子与下方的类似器具的东西相扣合之状。[2] 显然，与合字是指把不同的东西都闭合为同一种东西不同，集、并和兼都是要让两种或多种不同的东西在不改变自身结构的前提下有所聚集。

这样，文化集美也可作文化美集，要求确认本文化与异文化之间各有其美，不能混同。不同文化的美质之间即便可以相互借鉴，但也不能相互融为一体，而只能在保持各自独立性的前提下相互集合。正像群鸟集于树

[1] 徐中舒主编：《甲骨文字典》，成都：四川辞书出版社，1989 年，第 918 页。
[2] 徐中舒主编：《甲骨文字典》，成都：四川辞书出版社，1989 年，第 573 页。

上、可合也可分一样，不同文化的美之间可以在保持各自异质美的前提下有限地聚合或集束起来，但这并不是一种相互融合或同化之美，而是一种相互集合、并立或聚合之美。这不是一个原子美与另一个原子美之间的可以相互化合之美，而是一个单子美与另一个单子美之间的永远并存但永不同一之美。集合之美不等于融合之美，前者只是不同美的相互并立，后者则是不同美的同一化。

这样，提出文化集美概念的意义在于，可以确认基于文化多样性的多种文化之美的集束、合并或兼并这一现实，这种现实可以满足人们同时观赏多种不同文化美的需要；但与此同时，这多种不同的文化美也终究不可能消除彼此差异而融为一体。因为，它们之间终究各有其不可同化的差异。

二、文集之根源和层面

在文化现代性进程中，每一种民族文化都会显示出自身的与众不同的美，尽管始终存在着一种消除各种民族文化美的差异性或个性而趋向共同性的强大力量。

之所以出现文化集美现象而非走向文化美的同一性，其根源就在于世间万物本来就充满差异而时常违背、抵制或拒绝同一性。同时，如同世间万物总处在变异过程中、充满了变数一样，文化美自身也在不断发生着变异。即使是同一种事物中间也可能出现变异，也就是从同变到异、由同一物变为异质物、从自己人转化成对手。与从同变到异相对容易相比，从异变到同远为困难。这种文化美之间的差异及其变异情形，可以具体表现为若干不同的层面：

第一层为民族国家文化美之集美。这是指世界范围内不同民族国家的民族文化美之间的集美问题。从世界范围说，每个民族国家都自有其文化美，它们共同组成世界文化美的集束，形成彼此百花齐放、百家争鸣的多元美格局。当民族国家文化美面对其他民族国家文化美时，必然会出现本文化美与异文化美之间如何共存的问题，也就是面临本文化美与异文化美之间的集美、并美或兼美问题。

第二层为族群文化美之集美。这是指民族国家内不同族群文化美之间的集美问题。在一些多民族国家内，可能存在多数族群文化美与少数族群文化美之间、不同族群文化美之间的集美问题。这里，对一个群族来说是本文化美的东西，对其他族群来说就可能具有异文化美的性质了。这样，文化集美也会成为一个经常需要面对的问题。

第三层为结构型文化美之集美。这是指民族国家内处在不同结构位置的文化美形态之间的集美问题。高雅文化美与大众文化美之间，主流文化美与边缘文化美之间，或者雷蒙 · 威廉斯（Raymond Henry Williams，1921—1988）意义上的“主导”文化之美、“新兴”文化之美和“残余”文化之美三者之间[1]，甚至一种具有活力的文化美与衰落的文化美之间，都可能存在美的集束、并存或兼有的问题。

第四层为社会型文化美之集美。这是指民族国家内不同社群文化美之间的集美问题。这里的不同社群文化美，是指因社会阶层、性别、群体、亚文化等社会身份及境遇的差异而导致的审美趣味的差异。

第五层为趣味型文化美之集美。这是指民族国家内

---

[1] ［英］雷蒙德 · 威廉斯：《马克思主义与文学》，王尔勃、周莉译，开封：河南大学出版社，2008 年，第 129-136 页。

不同个人审美趣味之间的集美问题。这里是指当今每一个社会成员之间都可能有着不同的审美趣味，都会面对主体审美趣味或本文化美与他者审美趣味或异文化美之间的集美问题。特别是在当前互联网时代，在多种社交媒体和自媒体都相当发达的公共舆论环境中，即便是同一家人、同一个班级、同一个小区、同一个机构或年龄段等的个人之间，都有可能发生审美趣味的差异乃至对立。

以上五层面的无论哪一种情形，都涉及一种本文化美面对异文化美或文化异质性美时的集美问题。

每个民族都有其文化，而每种文化也都有其美，这种文化美与文化美之间有共同性也有异质性或差异性，也就是既有同也有异。文化美的共同性突出地体现在文化美代表人类克服自身的动物或自然本能的局限而与之处在平衡及自由状态。文化美的异质性，表明文化美反映该民族生活方式的独特的地缘精神特征。

三、文集的多条路径

说到文化集美，重要的是妥善处理多种不同文化之美的差异与共同性问题。对此不妨参考约翰·哥特弗雷德·赫尔德有关人的成长的论述。在他看来，每个人的成长都不能仅仅归因于他本人，而是应当与人类智性的起源也即教育关联起来，也就是“与他的父母、师长、朋友以及他生命进程中的一切遭遇关联起来，进而回溯到他的族群和祖先，并最终关联到整个人类之链。因为这长链中必有一些环节，影响了他的作为。这样，人可以回溯其家庭；家庭可以回溯其祖先；历史之河越回溯便越狭窄，我们在世间的整个存在，最终汇集到人类家庭的一座校舍之中”。这里有两方面的情形需要同时考虑：一方面，不同的文化必然会导致不同的教育方式，而这种与众不同的教育方式会按自身的要求去塑造人。“不同的人民、不同的水土，在人的智性教育中必定有其目的。”然而，另一方面，人也会反过来影响教育的发展。这样，特定文化的教育方式影响人，而人也会影响教育本身。“我们并非单纯为地方水土所产，像我们一样的人也影响着我们的教育、习性和成长。”因此，他相信，“整个人类有一种教育，整个历史有一种哲学，确信而又真切，恰如存在一个人类，也就是人与人之间永恒的交接往来，我们之所以为人全凭着它”。[1]在他看来，人是由不同文化条件下的教育所养成的，这使得人的成长既有各民族文化的特殊性，又有整个人类文化的普遍性。

也正由于如此，他提出了各种异文化之间必然不同但又需要相互尊重的思想：“所谓‘开化’和‘蒙昧’、‘文明’和‘野蛮’民族之间，不过是量的区别，而非质的不同。”这实际上是在明确倡议，给予各种不同的异文化及其美以平等的地位。“民族之画卷有五彩斑斓，依着时间和地点纷繁变化；而且，和所有图画一样，一切都取决于我们观看的视角。如果我们取欧洲文化的理念作为标准，那么我们确乎只在欧洲发现文化。如果我们更进一步，武断地划定文化与启蒙之间的界线，则我们是在迷雾中堕得更深，因为真正意义上的文化与启蒙乃是不可分。”[2]他告诫说，“文化与启蒙”本来就是不可分

---

❶〔德〕约翰·哥特弗雷德·赫尔德：《历史哲学思想》，《反纯粹理性——论宗教、语言和历史文选》，张晓梅译，北京：商务印书馆，2010年，第19页。

❷〔德〕约翰·哥特弗雷德·赫尔德：《历史哲学思想》，《反纯粹理性——论宗教、语言和历史文选》，张晓梅译，北京：商务印书馆，2010年，第20页。

的，不能仅仅以欧洲文化为标准去看待一切文化，更不能“武断地划定文化与启蒙之间的界线”，否则就会“在迷雾中堕得更深”。这个告诫在今天也仍然有其启迪意义：可以提醒人们关注，不同文化的美之间各有其色彩，共同组合成为“五彩斑斓”而非单一色调。至于哪一种色调更佳，则“取决于我们观看的视角”，不能武断地从事文化与野蛮（启蒙）的判断。

如何处理文化集美所遗留的问题？也就是，当今世界若干种不同文化之美如何持续相处？尤其是在一个国家此前分裂的部分重新回归和统一之后、外国移民或外地移民入住之后，甚至外来流动人口迁居之后，异文化及其美的接受问题会随之而来，如何面对和适应异文化美就更是成为现实中处处需要解决的问题了。需要指出的是，几乎没有人会否定文化集美或多元文化之美共存的现实，但是，对如何面对这种现实，以及如何走向未来，却存在着多种不同的路径选择。

这里不妨暂且指出在20世纪末出现的几种路径，其中外国的和中国的各两种。它们主要是从各位提倡者的基本主张中推导或引申出来的，而未必就等同于他们自己的明确主张本身。

1. 沟而通路径

这是指面对多种异文化美之间的鸿沟而展开相互沟通行为的路径。德国哲学家尤尔根·哈贝马斯（Jürgen Habermas，1829— ）在20世纪60年代至80年代陆续出版《公共领域的结构变化》《理论和实践》《知识和人类旨趣》《历史唯物主义的重建》《沟通与社会进化》《沟通行动理论》等著作，致力于倡导“沟通理性”（或“交往理性”）及“主体间性”等理论，强调通过人与人、群体与群体等之间的社会沟通（或译交往），解决社会生活中面临的种种问题。进入90年代，他又陆续把这些理论引导到政治哲学和法哲学的相关领域，同自由主义及社群主义等相关政治思想展开直接的对话、争鸣或争辩。“在多元文化社会中，各种生活方式的平等共存意味着每个公民及其子女都享有同样的机会在其传统文化世界中健康的成长；意味着每个公民都享有同样的机会深入了解该文化（以及其他任何一种文化），以便确定是坚持还是超越它们”，但这同时也意味着，每个公民同样拥有对传统文化或异文化加以“批判”或“告别”的权利：“都可以毫无顾忌地置其命令于不顾，或者通过自我批判宣布与它脱离关系，以便今天彻底告别传统，乃至告别支离破碎的认同，而奋发生活。”[1]这主要的是由于，“现代社会的快速转型打破了一切凝固的生活方式。文化要想富有生气，就必须从批判和断裂中获取自我转化的力量。法律保障仅仅立足于这样一种事实，即每个人在其文化氛围中都能得到再生的力量。但是，这种再生力量不仅源于同他者划清界限，而且至少在同等水平上来自与他者的交往”。[2]在这种由现代社会的快速转型所激荡的多元文化浪潮中，一种文化的“再生”或更生取决于不仅同异文化这他者“划清界限”，而且至少要获得与之平等“交往”（即沟通）的权利。于是，他提出建立一整套新的话语政治模式、用程序主义去重建社会民主制度的主张，特别强调的是重建起沟通行为赖以展开的程序共识。

从这些观点推论，人们在日常生活中不得不面对不同文化美这一审美与文化现实，也就是总是身处多种异文化美的考验中。重要的不再是回避异文化美的问题，

---

[1] ［德］尤根·哈贝马斯：《民主法治国家的承认斗争》，曹卫东译，汪晖、陈燕谷主编：《文化与公共性》，北京：生活·读书、新知三联书店，1998年，第359页。

[2] ［德］尤根·哈贝马斯：《民主法治国家的承认斗争》，曹卫东译，汪晖、陈燕谷主编：《文化与公共性》，北京：生活·读书、新知三联书店，1998年，第359–360页。

而是要建立明确的沟通理性，通过持续的沟通行为去化解异文化美带来的冲击或陌生感，找到一条面对不同文化美的鉴赏途径。在其中特别重要的是，重建起允许与异文化美之间展开平等对话的程序共识。例如，你要我或者我的同人接受或欣赏一种新的动画人物造型，你就得首先提供必要的让我和同人得以接受的一些话语前提，或者为我们的欣赏作必要的铺垫。否则，假如来得过于突兀或仓促，就别怪我们不接受了。这表明，在从事异文化美之间的对话之前，建立起异文化美之间赖以实施平等对话的共通程序或公共领域的话语机制，是必要的和重要的。假如这种必要的和重要的基本程序共识没有提前达成，或者缺乏合适的公共领域，异文化美的沟通就会成为难题。因此，建立合适的程序共识，已经成为异文化美之间展开沟通、实现沟通的必要前提。

2. 异而承路径

这是指面对多种异文化美并存格局而争取他者承认的路径。加拿大哲学家查尔斯·泰勒（Charles Margrave Taylor, 1931—）著有《自我的根源》《现代性之隐忧》《现代社会想象》《世俗时代》等。面对文化多样性、多元政治、差异政治等，他倡导重建意义共识。他注意到，特定社群中的成员与本群体的共同规范相认同或同一是必然的，但还有一种情况也必须加以关注，这就是来自其他群体或个人的“承认”。与“认同一词在这里表示一个人对于他是谁，以及他作为人的本质特征的理解”不同，“承认”代表他人或他者对我的身份的从旁确认。“这个命题的意思是说，我们的认同部分地是由他人的承认构成的；同样地，如果得不到他人的承认，或者只是得到他人扭曲的承认，也会对我们的认同构成显著的影响。所以，一个人或一个群体会遭受实实在在的伤害和歪曲，如果围绕着他们的人群和社会向他们反射出来的是一幅表现他们自身的狭隘、卑下和令人蔑视的图像。这就是说，得不到他人的承认或只是得到扭曲的承认能够对人造成伤害，成为一种压迫形式，它能够把人囚禁在虚假的，被扭曲和被贬损的存在方式之中。”[1]他者的承认本身就是自我得以存在和成立的基本条件，相反，他者的不予承认会对我造成“伤害”并成为“压迫

[1] [加] 查尔斯 · 泰勒 :《承认的政治》，董之林、陈燕谷译，汪晖、陈燕谷主编 :《文化与公共性》，北京 : 生活 · 读书、新知三联书店，1998 年，第 290–291 页。

形式”。这表明，本群体内部的认同其实也至少部分地依赖于外部群体或个人的承认，或者我们自身的认同至少部分地是由外部群体或个人的承认构成的。而假如得不到这种承认，那我们自身的认同也会打折扣，至少不完美。这一观点让人想到胡塞尔有关“主体间性”的现象学思考：我们的主体性恰恰与他人的存在紧密交织，因为正是他人的存在才让我自己的身份得到自明，从而主体与主体之间总是间性的，相互之间以对方的存在为己方存在的前提。

为了维护对于多元文化、文化多样性的跨文化承认，他主张将人们构想中的“社会道德秩序”之“新概念”转化为内心中的“现代社会想象”，在其中紧紧抓住“市场经济”“公共领域”“人民自治”等三要素，并让其构成特定的“社会形式”。[1]例如，这三要素中的“公共领域”的建立，对于异文化之间的基本共识的达成十分重要。“公共领域是一个仅由我们所实施的共同行为组成的社团：在那里，大家尽可能地通过意见交流，达成共识。

[1] [加拿大]查尔斯 · 泰勒：《现代社会想象》，林曼红译，南京：译林出版社，2014年，第2页。

我们正是这样一起行动，才使社团得以存在。”这一领域恰恰是要在现实的政治构架之外组成一个体现“超政治”的世俗力量的场域。“这种共同行为，不是要由某个超验行为层面上所建立起来的框架，才可能实现的，要么是由上帝的行为，要么在存在巨链中，或是由从远古传下来的律法。这使得公共领域彻底地变成世俗的。这也使我们清晰地了解公共领域中新颖和史无前例之处。”[1]

这里把焦点性问题从过去的“认同的政治”转变为“承认的政治”表明，当今世界人与人之间、社群与社群之间、种族与种族之间、原住民与移民之间、性别与性别之间等多元文化的共存，就不能再仅仅局限于各自身份的内部认同了，而是既要继续维护这种内部认同（当然重要），但更要注重来自他者的客观承认。所以查尔斯·泰勒会认为：“正当的承认不是我们赐予别人的恩惠，它是人类的一种至关重要的需要。”[2] 假如这种基本

[1] [加拿大] 查尔斯·泰勒：《现代社会想象》，林曼红译，南京：译林出版社，2014 年，第 83 页。

[2] [加拿大] 查尔斯·泰勒：《承认的政治》，董之林、陈燕谷译，汪晖、陈燕谷主编：《文化与公共性》，北京：生活·读书、新知三联书店，1998 年，第 291 页。

的需要无法满足，也就是得不到他者的承认，那我们自己的日常生活或社会身份就会感受到外部的压迫或者暴力的强制，从而无法获得安宁。这只要想想这类事例就够了：我们城市是一个面向外国和外地游客开放的旅游城市，当我们内部历经团结协作而终于使得自身的城市旅游环境面貌获得巨大改善时，却有一群外国游客来批评我们的城市环境脏乱差，或者一群外地游客指责我们城市的旅游设施存在一些问题，那我们都肯定会感到不安，这同我们自己批评自己时是不一样的。一旦无法获取来自外部的承认，那就几乎等同于我们自己的认同没有完成，甚至能更加客观地证明我们的认同还没有实现。此刻，如何推进“承认的政治”变得十分重要了。在这方面，同哈贝马斯关注建立程序共识相近，查尔斯·泰勒也强调制度设计必须保障自由社会的公民的相互尊重、平等权利、平等价值观等的兑现。重要的是让“承认的政治”落到日常生活的实际程序环节中，而不是仅仅停留于笼统或抽象的制度设计层面。

以这种“承认的政治”理论去衡量文化集美问题可知，当今世界文化舞台上多种不同的文化美相互争奇斗艳，各不相让。此时，各自维护其独特的美是必然的，然而又是不完整的。因为，更加重要的是其他个人或群体的承认。没有这种来自外部的承认，自我的认同就是不完美的，甚至不可靠的。因此，正像查尔斯·泰勒所主张的那样，不能仅仅出于内部认同考虑而满足于自我的“独白”，而是要着眼于“承认”而主动展开“对话”。我和我的同人群体或“饭圈”内部都喜欢某个影视明星还不够，还需要来自其他群体的客观承认。他们即使不喜欢它，但也需要公开申明他们承认他是众多可能的明星之一。而假如他们在网络平台上公开说这位明星根本不美，不能算作足可以喜欢的明星，那就是对我们“饭圈”群体的严重否定和伤害，让我们的认同完全落空了，那我和我的同人一定受不了，于是被迫发起同人群体网络反击战，这必然招致对手群体的同等程度或者更加剧烈的反击，从而导致网络上一时战云翻滚，硝烟弥漫，人仰马翻，在网络社群中造成难以愈合的精神伤害。

3. 人顺天路径

这是指面对现代文明的种种困局，要求人类顺应天命而静心修为以便达成“天人合一”的路径。前面说过，作为现代新儒家重要代表之一的钱穆，在 1990 年临终前重申“天人合一”观不仅代表中国文化对世界文化的宝贵贡献，而且也是拯救世界文化的良方，应当成为未来世界文化的出路。这个观点的核心处在于，造成当今社会多元文化间的严峻分裂以及其他种种问题的原因就在于人类没有真正敬畏和顺任“天命”，没有倾心服从于“天”的规范，而是任性妄为，纵横驰骋自身的征服自然、征服一切的贪欲，并导致其恶性膨胀，违反了“天命”，结果不无道理地遭受“天”的一再报复或惩戒。中国和世界的唯一正确的出路就在于，重新皈依“天人合一”观的指引，重新理解和敬畏“天命”，让人类的一切行为自觉地服从于“天命”的规范，从而使得整个人类世界秩序、自然秩序重新回归于“天”的自然法则的引导。

这样做，需要人类致力于从规范和抑制自身行为做起，而儒家思想恰好可凭借其“非宗教、非科学、非哲学”的特点而独辟蹊径。儒家的“恭逊谦抑之态度”正有着“一种极深厚的、极崇高的宗教信仰。盖儒家乃求循于仁以达天，不主先窥于天以律人，此其所以为理性之谦抑也”。这同时也是一种“哲学”，它“扣紧人生实际，不主从宇宙大全体探寻其形上真理，再迂回来指导人生”。在面对人生现实问题时，它“不忽视人类之情感实况而运用其理智。非先忽视人生之现实与情感，而凭空运用理智来建立一真理，而就之以批判一切现实，主使一切情感”。同时，它看起来与近代新科学不同，但其实“重知识，不重理论，而求其知识，又贵验证，不重玄思，此一态度，正是严谨的科学态度”。再如“尽物性”，“正德、利用、厚生”等观念，都与“近代科学实用精神相通”。[1]人类凭借这种“恭逊谦抑之态度”方可能重建“天人合一”关系。

应当说，这样的主张，对当前中国和世界多种异文化美间的共存格局是有益的启迪。不过，这种主张首先取决于人类主体自身的“心”性修为，也就是极大地依赖于主体的自觉性。在当今贪欲横流、利益纷争蜂起的时代，假如完全依赖于主体自觉修为而不依靠一整套与之相应的客观化的社会制度和机制，必然是难以持久和落到生活实处的。

---

[1] 钱穆：《世界局势与中国文化》，《钱宾四先生全集》第 43 卷，台北：联经出版事业股份有限公司，1998 年，第 183-184 页。

4. 异趋同路径

这是指面对多种异文化美并存格局而趋于“大同”境界的路径。这就是一方面承认多种异文化美的集美格局，但另一方面又竭力寻找异文化美之间的同一性途径。费孝通从 20 世纪 80 年代末开始，致力于从文化多样性或多元一体世界中找到一条通向异文化美之“大同”境界的道路。他在 1988 年认识到，世界上各种群体之间“尽管生活上已你离不开我，我离不开你，但是心理上还是各有各的想法，各是其是，各美其美，甚至还要以我之是强人为是，以我之美强人为美，一句话，相互不理解，相互不容忍。”于是，需要合力为世界文化的“多元一体”格局及其“各美其美”状况，找到“一个共同的意识基础”。[1] 这就亮出了一条由异而趋同的路径。

他虽然看到了并高度重视世界上多种异文化美之间的紧张关系，但目标不是仅仅尊重和维持这种异文化美之间的差异，而是要出于理想地找到它们之间的同一性得以实现的共同途径。到 1989 年，他敏感于“不同文

---

[1] 费孝通：《〈外访杂写〉前言》,《费孝通全集》第 13 卷，呼和浩特：内蒙古人民出版社，2009 年，第 24 页。

化的人在这个地球上越来越分不开了，必须要在不断接触中求生存，求发展”的现实，提出建立一门跨文化传播学的构想：“必须要建立一门科学，去研究不同的文化怎样可以相处，和平共存，互相促进，共同发展。这是最高的目的。也就是要逐步从一般的 Public Relation 发展到一个 Cross-Cultural Communication，这个词还没有很好地翻译出来，但这是我们的方向。”[1] 他认识到，文化多样性由于“包含着价值观念的内容”而有着不同的性质：“看来在饥寒线上下挣扎的人们，追求的目标比较容易一致，因为这些要求还紧密联系着生物的基础，所谓饥不择食就说明这种情况。在物质生活富裕的条件下，个人间身心上的差别有了分道扬镳的客观条件，不同地方、不同民族的人也更能发挥他们特有的价值倾向。这就使得文化多样性所产生的问题不能等同于经济不平衡性产生的问题。”[2] 他对即将到来的 21 世纪作了这样的预判：“21 世纪要解决的主要问题之一是：各种不同文化

---

❶ 费孝通：《从私交到公关》，《费孝通全集》第 13 卷，呼和浩特：内蒙古人民出版社，2009 年，第 195–196 页。

❷ 费孝通：《从小培养二十一世纪的人》，《费孝通全集》第 13 卷，呼和浩特：内蒙古人民出版社，2009 年，第 254–255 页。

的人，也就是怀着不同价值观念的人，怎样能在这个经济上越来越息息相关的世界上和平共处。人类在 21 世纪怎样才能和平地一起住在这个小小的地球上？”[1] 为此，他提出的目标是，“在全球经济一体化的形势下，多元的世界文化怎样才能持续发展。换句话说，就是怎样实现全球文化的一体化。……要创造些什么条件，才能使世界上多元的文化能和平共处，共同繁荣”。这就提出了与“全球经济一体化”相应的“全球文化的一体化”目标。

为了达到“全球文化的一体化”目标，他提出“首要的条件，是使世界上的人对异文化有一个正确的认识和态度”。[2] 这里，虽然要求承认多种异文化的相互共存现实，但同时又不甘于停留于这种现实，而是致力于“全球文化的一体化”，也就是要尽力创造出合适的条件，以便使得世界上各种异文化或多元文化之间能够“和平共处”“共同繁荣”。这里的“全球文化的一体化”目标令人向往，但难免过于理想化，当今世界各种异文化之

---

❶ 费孝通：《从小培养二十一世纪的人》，《费孝通全集》第 13 卷，呼和浩特：内蒙古人民出版社，2009 年，第 258 页。

❷ 费孝通：《必须端正对异文化的态度》，《费孝通全集》第 16 卷，呼和浩特：内蒙古人民出版社，2009 年，第 430 页。

间达成“和平共处”已经很难了，更何况实现“共同繁荣”。相反，更多地看到的是互喷或互撕等网络纷争场面。因此，这条异趋同路径缺乏落到实处的具体实施办法。

5. 异和异路径

上述四条路径都各有其特点和合理性：哈贝马斯代表的沟而通路径推崇沟通理性及沟通行为的现实作为，泰勒代表的异而承路径重视来自他者承认的重要意义，钱穆的人顺天路径返身强调人类自身的顺应天命的主体修为，费孝通幻想为异文化间的纷争不已格局找到一条“大同”路径。尽管有此不同，应当看到，它们之间还是有着一种共通性，这就是共同确认当今世界各种异文化美的相互并存的现实，也就是确认文化集美即文集的现实性，并由此出发而提出了各不相同的应对路径。

这里可以从对文化集美的现实性的共同确认出发，根据对当前互联网时代世界相关状况的理解，提出一种异和异路径作为反思的新起点。

异和异路径，是指多种异文化美之间各以其异质性去寻求平等对话以达成和谐，但又终究回归于各自异质性的策略。这里包含相互联系和循环的三层面：第一层为承认异文化美，也即承认多种异文化美之集美的合法性，确认世界文化多样性格局；第二层为寻求异文化美之和谐，也即探索各种异文化美之间展开平等对话、达成相互和谐的途径；第三层为尊重异文化美之异质性或独立性，也即放弃有关多种异文化美间的同一性幻想，回归于多种异文化美自身的独立性这一现实。这意味着，与费孝通所幻想和追求的“美美与共，天下大同”目标不同，需要冷峻地承认当今天下大势并未有多种异文化美之间趋向大同的明显征兆，甚至看起来短时间内也不可能有此征兆，此时，就只能承认各种异文化美之间的相互争奇斗艳的现实。不过，在此天下并未大同而异美纷呈之际，人类也可以有所作为（尽管十分有限）：这就是退而求其次地探寻各种异文化美之间因异而和、因和而异的可能性，也即达成“和而不同”的目标。

这样，在跨文化学的文化集美视角中，不同文化之美可以集合、集束或并立，但不会消除自身独立性而走向同一。一位当代诗人在组诗《汉字 2000》里这样申辩说：

我从不把一个汉字
抛进　行星椭圆的轨道
寻找人的失落

俑
蛹
在遥远的梦中　蝶化
一个古汉字
咬穿了天空也咬穿了坟墓
飞出　轻轻扑落地球
扇着文字
旋转

在另一种时间
在另一种空间
我的每一个汉字互相吸引着
拒绝牛顿定律[1]

---

[1] 任洪渊：《汉字，2000》，《女娲的语言——诗与诗学合集》，北京：中国友谊出版公司，1993年，第17-18页。

诗人表达了自己的痛苦经历：当断然舍弃自身独特传统而倾心投向全球文化共同性的“行星椭圆的轨道”时，才发现“人的失落”问题不仅没有得到合理解决，反而产生如坠深渊的痛感。好在遭遇此类严重挫折的以“汉字”为表征的中国文化，不会轻言放弃，而是自觉传承古老的庄子式“蝶化”传统，发扬自身的文化更生之力，在“佣”与“蛹”的生死辩证组合之间觅得新的生机，像现代汉语从古汉语的厚重躯壳里破茧而出一样，“咬穿了天空也咬穿了坟墓”，在崭新的地球世界获得新生。但是，这一新生的世界依然不会归属于“行星椭圆的轨道”，而是要返回到与之不同而属于自身的“另一种时间”和“另一种空间”里去，“我的每一个汉字互相吸引着”，组合成一个完整的“美丽新世界”，并且依旧“拒绝牛顿定律”。

需要看到，这里并没有简单地否定“行星椭圆的轨道”和“牛顿定律”所表征的西方主流文化，而不过是一再申辩“汉字”的世界与之相比，毕竟各有其“轨道”，各循其“时间”和“空间”规律，不可能走向有些人期待的文化共同性或文化同一性目标。假如这种理解是合理的，那么，由此看，这里可以说传达出中西两种异文化各有其美，可以寻求美美集合，但不宜强求美美同一的文化集美精神。

再以当今互联网时代的艺术状况为例。当各种异文化美相互并存、美美集束之际，被集束起来的美与美之间不会轻易地走向和谐，而是往往相互争吵屡见不鲜，争端或乱局蜂起，此起彼伏，绝不会轻易解除或终止。一名作家的日记、散文或小说，一旦赢得巨量网民的点赞，就往往会有至少同样巨量的网民予以激烈反对，并且争相上纲上线，大有必欲置之死地而后快之势。一个影视明星赢得“饭圈”赞誉，每当涉及某一同人群体拥戴明星的声誉时，就往往会招致另一同人群体的激烈抵制，从而出现互撕乱局。当过于发达和便捷的互联网竟然允许网民以匿名或半匿名的方式自由地发表意见时，网民的空前大胆、无畏和不负责任就变得异乎寻常地变本加厉了，所导致的网络暴力简直远远超过了面对面沟通时的有限度、克制、和蔼或礼貌。可以说，网络社群的无原则的自由所带来的思想撕裂，正在异常严重地重新形塑当今世界的公共艺术领域，使其一面虽然带来高度的个人性、平等性、灵活性和自由度等，但另一面也可能成为口诛笔伐、言不逮意、言出祸随、言不由衷、言而无信、空言虚辞、流言蜚语、大言不惭、大言欺世、以言徇物、人言可畏、谣言四起、讹言谎语、妖言惑众、无耻谰言等横行无忌的温床。此时，“一言兴邦”不易，但“一言丧邦”在缺乏有效的干预机制时就并非没有可能。

四、文集之展开

具体说来，文化集美即文集会有多种多样的表现，这里只是列出多种可能中的三种来说明：

1. 美己律

这是指本文化美受到内部成员的承认。这也就是“各美其美”的意思，每一种文化群体成员都自觉地承认自己文化的美，具有充分的文化美自觉性。当然，这里也有着若干层次的不同：第一层为承认本文化美。这是仅仅承认自己文化的美属于一种美而已，谈不上喜爱。第二层为喜欢本文化美。这是不仅承认而且喜欢自己文化的美。第三层为推崇本文化美。这是禁不住向他人推介和崇尚自己文化的美。第四层为新创本文化美。这是基于对本文化美的承认、喜欢、推崇而创造其新作品。

不过，美已律也会遭遇一些复杂情形的困扰。当本文化美随着本文化的生存力量走向衰落时，忽视或违反美已律的情况必然会发生。鲁迅曾经愤激地号召青年不读古书而尽力吸纳外来文化，反对对“国粹”“国学”的过度张扬。青年宗白华在1920年出国留学前，对中国本土文化美就表现出了某种不够重视的态度，但在旅欧五年学习过程中发生了改变，转而形成了真正的对中国文化美的崇尚态度，直到对中国文化美提出一系列新的创造性见解，也就是全面体现了美已律的规定性。李泽厚在《美的历程》（1981）中对儒家美学的评价比较一般，但几年后从《中国古代思想史论》（1986）开始则越来越重视“儒道互补”基础上兼收并蓄的儒家美学在整个中国美学中的主导地位。而也正是从20世纪80年代开始，对包括儒家美学在内的中国美学思想传统的重视成为时代的主潮。可见美已律在当前美学界正当其时。

但也许在将来某个历史时刻，美已律可能会再度遭遇麻烦，这将是不以个人的意志为转移的。因为，美已律会根据异文化所生成于其中的具体社会语境而发挥作用。

2. 美人律

这是指承认异文化美，也就是“美人之美”的意思。这种对异文化美的承认，也可以像美己律里的四层面那样划分出层次来，也即有着承认异文化美、喜欢异文化美、推崇异文化美和新创异文化美等多层次区分。不过，最好还是把美人律的作用，置放到特定历史条件或时代条件下去具体地衡量。例如，从汉代起佛教进入中国并发生持续的间性涵濡，直到生成中国式佛教——禅宗，以及产生禅宗艺术、禅宗美和禅宗美学等。在晚清，随着强大而陌生的西方文化裂岸涌来，来自西方的各种异文化美也相继同中国本文化美发生间性涵濡，由此产生了大胆借鉴西方异文化美而又勇于新创本文化美的成就卓著的艺术家或艺术理论家，如黄遵宪、梁启超、胡适、鲁迅、周作人、吴昌硕、齐白石、黄宾虹、徐悲鸿、茅盾、沈从文、李长之等。这些艺术家的成就，必然与美人律的具体作用紧密关联，尽管其在不同艺术家那里产生的作用各不相同。比较而言，鲁迅的“拿来主义”是合理及科学的态度：“拿来”不同于被动的“送来”或来者不拒，而是积极主动地有取有舍，批判地吸纳。不过，在当前，更加重要的可能是认真面对这样的极端情形：

有的文化体成员忽视本文化美而单纯或盲目崇拜异文化美，或者甚至为了异文化美而遗忘或轻视本文化美。

美人律可以有下面的几个不同层面：

第一层为本美美人，即以本文化美为主去吸纳异文化美的某些成分，如黄遵宪在旧体格律诗形式中有限地吸收外来新词语和现实生活新体验。

第二层为美人创美，即开放地赞美和吸收西方异文化样式而创造新的本文化美，如郭沫若参酌西方自由诗体而创作的白话自由诗集《女神》，徐志摩的《志摩的诗》《翡冷翠的一夜》，徐悲鸿的写实性油画等。

第三层为美美出新，即既吸纳异文化美而又传承本文化美，最终使得这两种异文化美在间性涵濡中生成新的本文化美，如鲁迅、沈从文、吴昌硕、齐白石等艺术家的艺术高峰之作。

3. 美集律

这是指承认各种异文化美的相互并存格局，也就是美美集束而非美美同一的意思。这里也有着不同的层面：

第一层为本衰异强，这是指本文化美衰落而异文化美强势的格局。清末民初的中国艺术曾经遭遇这个局面。

第二层为无主众美，这是指本文化美与异文化美激荡下的没有主导美的众美争艳格局。20 世纪 30 至 40 年代曾经有过多种文艺流派、文艺思潮相互并存的局面。

第三层为一主独美，这是指本文化美一家雄踞天下而其他异文化美被抑制的格局。20 世纪 50 至 70 年代的中国文艺中曾经有过这样的情形。

第四层为一主多美，这是指一种本文化美为主导而多种异文化为辅助的格局。当前中国艺术界存在网络型艺术、倚网型艺术和疏网型艺术三分格局，其中网络型艺术无疑看似具有某种主导地位，而倚网型艺术和疏网型艺术则只有次要地位。但其中的具体情形其实远为复杂。[1]

---

[1] 参见我的《互联网时代的艺术传播偏向》，《民族艺术研究》2016 年第 3 期，第 5-14 页。

结　语

多元自明人及美美异和

以上沿着文尚、文忧、文涵、文生和文集五要素构架，依次对跨文化学的学科内涵作了一番匆匆旅行。单从理论逻辑上看，这应当是一次以文涵为中心或中介的文尚与文忧之间、文生与文集之间的对话与协调之旅。而在现实中，这些过程其实又是相互渗透和相互循环的，难分彼此，共同起作用。这样一场跨文化学旅行将会抵达何种终点？或许，这个问题本身就是难有终结的解答的，因为我们的当代生活总会处在看起来望不到终点的无尽的跨文化旅行过程中。不过，临时的和可以更替的解答想必也有必要，不是为了追求终结答案，而是为了帮助我们旅行人自己反思和预想自己的旅程，以便为未来的继续旅行提供话语的地图。

一、多元自明人涵养

在当代世界，每一个民族的个体总是生活在由该民族的文化主流即本文化构成的生活价值系统中。面对异彩纷呈、变幻莫测的多元文化交汇状况，本文化的个体总会遭遇来自异文化的种种吸引或者诱惑，也总会在心里生出反感、拒斥、欣喜、认同等不同反应。那么，经历这种跨文化过程，本文化的个体应当成就为何种意义上的主体，就是必须考虑的大问题了。前面第三章文涵中已经先后提到过单一文化人、双文化人、多元文化人等多种不同的主体概念，这里想指出的是，一种多元文化型自明主体的涵养，应当成为跨文化学的学科建构目标。

多元文化型自明主体，是指具备多元文化素养但又富于本文化主体意识、让多元文化型素养接受本文化主体意识的自觉制导之人，也就是有着多元文化型素养而又有确定的主体自明意识之人，即多元文化型自明主体，简称多元自明人。这可以从下列几个方面去理解。

一是他拥有多元文化型人格。他能够开放地接触、容纳多元文化，了解这些异文化的种种长短优劣，尊重其特色，并且善于与之打交道，和睦相处，平等相待。生活在这个多元文化共存而又竞争日趋激烈的当代世界，假如无法吸纳和涵养世界多元文化资源，就可能陷于自我封闭格局，被这个变化不息的当代世界主流所无情地抛弃，遭遇落后或无法被“承认”的长久烦恼。但“多元文化”之“多”本身并不一定就好，而是需要主体性自明的引导。跨文化学之跨，就是意在表明，不能无原则地“贪多”或“贪图多元文化”之“多”，而是需要在接触、容纳和通变“多”的过程中寻求其化身为本文化之“一”的可能性。

二是他的人格中有着明确的主体性自明。自明，在这里是化用王阳明所说的“体认得自己良知明白”，也就是调动自身的“良知”去真切地体认外物和自我，直到“良知”将自己的状况体认得明明白白、清清楚楚。就跨文化过程来说，要想真正能够做到善于与多元文化相处，就必须同时对自身本文化的主体性产生自明，以便让多元文化之“多”能够接受主体的一心一意之“一”的自觉引导。自明，就是自己明白地把握自我的主体定位，或对自我的主体定位有明确的自我意识，并且能以明确的自我之一心一意去引导多元文化之多而庞杂。确实，在王阳明所强调的"致良知"思想体系中，个体发动自身与生俱来的道德及理智之本心即"良知"去真切地认知外物与自我，对于自我的成人成贤成圣十分关键：

> 知是心之本体。心自然会知：见父自然知孝，见兄自然知弟，见孺子入井自然知恻隐，此便是良知，不假外求。若良知之发，更无私意障碍，即所谓"充其恻隐之心，而仁不可胜用矣"。然在常人不能无私意障碍，所以须用致知格物之功。胜私复理，即心之良知更无障碍，得以充塞流行，便是致其知。知致则意诚。[1]

重要的是自己调动"良知"去感知外物与自我，对自身的在世的境遇、德行修养及责任有着清醒的自明性领悟。只有凭借"良知"的自明及自觉，才能真正把握自身的主体性。在这里，出于"良知"的亲身而真诚的体验和认知是主体性自明的基本功："圣人气象自是圣人

[1] （明）王阳明：《传习录上》，《王阳明全集》第1册，吴光等编校，杭州：浙江古籍出版社，2010年，第7页。

的，我从何处识认？若不就自己良知上真切体认，如以无星之称而权轻重，未开之镜而照妍媸，真所谓以小人之腹而度君子之心矣。圣人气象何由认得？自己良知原与圣人一般，若体认得自己良知明白，即圣人气象不在圣人而在我矣。”[1] 由此看，“就自己良知上真切体认”及“体认得自己良知明白”，才是一种真正的主体性自觉或自明。

可以说，就跨文化过程中的主体性生成来看，多元文化型主体性自明是指个体自觉地让多元文化型素养服从于本文化的主体意识的引导，向本文化健康和健全发展的方向聚集，为本文化自身的主体性建构及其成熟和完善努力。假如面对滔滔涌来的多元文化浪潮而毫无准备或戒备、不加分析地完全认同，无疑会迷失方向，找不到自我。因此，本文化的主体意识自明应当成为一个尤其关键的方面。

三是他善于涵养这种多元而富于主体性的人格。同时需要看到，多元文化型自明主体的生成不是一朝一夕

---

[1] （明）王阳明：《启问道通书》，《王阳明全集》第 1 册，吴光等编校，杭州：浙江古籍出版社，2010 年，第 64 页。

的事，正如“十年树木，百年树人”以及“活到老学到老”等所说的那样，需要长期的和坚持不懈的涵养功夫。涵养，与涵濡、濡染、滋养等词语的含义相近，是指个体的自觉的德行修养过程。孔子的“从游”中的师生对话、孟子的“养气”、庄子的“虚静”和“逍遥游”、朱熹的“涵泳”、王阳明的“在心上用功”或“就自己良知上真切体认”等，从不同方面揭示了这种个体涵养在多元文化型自明主体生成中的特殊作用力。多元文化型自明主体来自个体的自觉自明的和坚持不懈的心灵涵养，及其“知行合一”的切实行动。

可以说，跨文化学所考虑的主体，就应当是这种涵养多元文化型素养而又主体性自明之人，可约略简称为多元文化型自明主体，而最简化称呼则是多元自明人。只有敢于开放地和富于主见地在接触、容纳、通变中化育多元文化资源，进而将多元文化型涵养统合到自身主体意识的建构和自明之中，跨文化过程才会获得应有的文化间涵功效。

二、歌德与个体成长

探讨这种多元自明人的涵养，不免让人想到歌德一生创作的三部与个体成长紧密相关的长篇作品："威廉·迈斯特"长篇小说二部曲（即《威廉·迈斯特的学习时代》《威廉·迈斯特的漫游年代》）和大型诗剧《浮士德》。上述长篇小说二部曲是欧美"成长小说"的开山之作，对后来托马斯·曼《魔山》、黑塞《纳尔齐斯与歌尔德蒙》和《玻璃珠游戏》、罗曼·罗兰《约翰·克利斯朵夫》等都产生了深远的影响。如果说，《威廉·迈斯特的学习时代》通过主人公威廉·迈斯特与娜塔莉娅终成眷属的故事，特别是由后者身上所兼具的美好心灵和实干精神的双重品质，展现出在多元文化汇通中选择双元文化型主体的成果；那么可以说，《威廉·迈斯特的漫游年代》则通过多种人物在多样而复杂的团体（如工作者、生活者、教育者、手工艺者、漫游者等团体）生活中的相互关联和多重选择，揭示了与多元文化相接触和让个体利益服从于整体利益的重要性。到全长 12111 行的诗剧《浮士德》（分为两部，第一部含 25 场及三小部分，第二部含五幕共 27 场）中，歌德则创造出了浮士德这位一生无限地求索美，并最终领悟自由才是美的多元文化型自明主体的形象。这个形象有着坚定的主体意志：

整个人类注定要承受的一切，
我都渴望在灵魂深处体验感觉，
用我的精神去攫取至高、至深，
在我的心上堆积全人类的苦乐，
把我的自我扩展成人类的自我，
哪怕最后也同样地失败、沦落。[1]

凭借这种主体性意志，浮士德历经若干不同异文化之美的轮番诱惑和体验而不迷惑。他先后感知了读书生活的美与不美，世俗生活的美与不美，宫廷权力的美与不美，古典美的美与不美，围海造城不是美，最后终于体验到自由和生存方是美："它是智慧的最后结论：只有每天争取自由和生存者，才配享受自由和生存。"不妨把读书生活、世俗生活、宫廷权力、古典美、围海造城等

---

[1] [德] 歌德：《浮士德》，杨武能译，杨武能、刘硕良主编《歌德文集》第2卷，石家庄：河北教育出版社，1999年，第85–86页。

视为多种不同的异文化及其美的象征，而最后的“自由和生存”体验则代表着多元文化融会后的主体性自明境界：

> 我愿看见这样熙熙攘攘的一群——
> 在自由的土地立足的自由之民。
> 那时对眼前的一瞬我便可以说：
> 你真美啊，请停一停！
> 于是，我有生之年的痕迹
> 不会泯灭，而将世代长存。——
> 我怀着对崇高幸福的预感，
> 享受着这至神至圣的一瞬。[1]

这似乎在显示，只有历经若干异文化之美的不懈追求，才能在最后时刻真正完成多元归一式主体性的建构。

---

[1] [德]歌德：《浮士德》，杨武能译，杨武能、刘硕良主编《歌德文集》第2卷，石家庄：河北教育出版社，1999年，第587-588页。

三、中国古今主体修养

在中国，古代文学作品中几乎没有这种由歌德开创的欧洲“长河式”或“漫游式”成长小说传统，这可能主要是因为，正如本书第二章所述，以儒家和道家为突出代表，中国文化中早已存在一种以个人心性修养为中心的思想传统。儒家要求一生都须谨慎涵养“君子”人格，道家则以“虚静”“心斋”“无为”等寻求复归自然的境界，其中都强调，带着对多种多样的异文化之忧患意识而主动建构自身的主体性，这就传达出中国文化传统所特有的有关多元文化型自明主体涵养的不同方案。《红楼梦》所塑造的贾宝玉和林黛玉，代表从古代正统文化中裂变出来的异文化力量，向以贾政为代表的正统文化的主流权威发起挑战，显示出只有开放地采撷多重异文化才能完成“补天”大业的美学意向。

在现代中国，鲁迅虽然没有写过成长型小说，但在其文章里表达过面对外来异文化时的明确的跨文化主张：与其竭力回头去找出所谓“国粹”来与西方异文化相抗衡，还不如以“拿来主义”的自觉姿态面向多重异文化开放，建设中国自己的现代新文化。正如本书

第四章所引的那样，他的如此的跨文化学方案的理由是，假如“粹太多”和由此而来的“太特别”，就会妨碍对多元文化的吸纳和对现代文化及其主体性的建构。应当注意到，鲁迅在发表《狂人日记》的同年写有《热风·三十六》（1918）等杂文，其中曾使用与“中国人”相对应的“世界人”观念，这观念虽然不是他的前后期贯通的核心概念，但也是他的思想整体的组成部分之一。从他对“世界人”观念的使用，可见出他有关多元文化型自明主体或多元自明人的自觉追求意向：

第一，“世界人”是亟需建构的指向未来的中国现代人。与人们说的“中国人”属于已有的“人种”概念（“只要人种还在，总是中国人”“保存名目，全不必劳力费心”）不同，“世界人”是一种面向现代世界多元异文化去开放的新型主体规划，亟需建构而又十分不易。“许多人所怕的，是‘中国人’这名目要消灭；我所怕的，是中国人要从‘世界人’中挤出。”[1] 鲁迅的“大恐惧”在于“中国人”无法化身为融合了多重异文化而强盛起来

---

[1] 鲁迅：《热风·三十六》，《鲁迅全集》第1卷，北京：人民文学出版社，2005年，第323页。

的“世界人”。

第二，“世界人”是开放而进步的中国现代人的代表。他认为对现有的“中国人”概念，不宜太强调其“国粹”即“特别的东西”，因为“特别未必定是好，何以应该保存”[1]，而对“世界人”来说，则需要予以格外重视，即其培养要求和规格都相当高：“须有相当的进步的智识，道德，品格，思想，才能够站得住脚。”这里显然对“世界人”这一主体规划提出了明确的现代性要求：一是相当的进步的智识，二是相当的进步的道德，三是相当的进步的品格，四是相当的进步的思想。可以说，他对“世界人”有了明确的面向现代多元异文化而开放的包括理智、道德、品格和思想等在内的总体构想。

第三，“世界人”是拥有多元文化素养而又富于主体性的中国现代人。为了避免“中国人要从‘世界人’中挤出”的命运，必须果断舍弃“特别生长”和“太特别”之类“保存国粹”的空想，全力以赴地“与种种人协同生长，挣得地位”。这句话高度浓缩地概括了鲁迅的清

[1] 鲁迅：《热风 · 三十五》，《鲁迅全集》第1卷，北京：人民文学出版社，2005年，第321页。

醒的“世界人”规划：一是“世界人”是能够与“种种人”所代表的世界多元文化相互共存的中国现代人，而不再是关起门来孤芳自赏的人；二是“世界人”是擅长于“协同生长”的中国现代人，即指习惯于同外来多元文化一道相互照鉴、协调和共生之人，而不再是陷落于多元文化大海里而无法自拔的茫然失措者；三是“世界人”不是仅仅依靠“人种”的自然遗传而生成的人，而是需要全力以赴地“挣得地位”的新型主体，即是全力寻求和建构起来的、既有多元文化素养而又主体地位自觉自明的中国现代人。

简要地说，从鲁迅的“世界人”概念可知，他不希望固守于以“国粹”为代表的古代传统人格之中，而是希望根据中国在现代世界多元文化境遇中的新需要，积极建构起新的多元文化型中国人。这就要求敢于同世界多种异文化力量打交道，从这种跨文化间涵过程中积极“挣得”自身的新型主体地位。

简言之，跨文化学学科要建构的主体，应当是一种自身善于涵养多元文化型素养而又主体意识自明之人，即多元文化型自明主体或多元自明人。

四、两种多元自明人形象的对话

或许，从武侠小说《天龙八部》（1963至1967年连载）中的主人公萧峰（乔峰）形象与网络小说《庆余年》（2007至2009年连载）中的主人公范闲和叶轻眉之间，也可以见到近半个多世纪以来两种跨文化学意义上的多元自明人方案及其隔空的美学对话。

萧峰，这个看起来不登大雅之堂的武侠小说人物形象，其实也可以约略视为作家心中想象的当代世界多元文化境遇下中国现代人的一种多元自明人建构方案。萧峰本是契丹人，但从小在汉族文化区域长大，名为乔峰，为人仗义，武艺高强，深得丐帮上下信任和爱戴。但就在丐帮帮主之位上，乔峰突然被告知他本是契丹人，不能做帮主。于是，从此时起，我是谁，是汉人还是契丹人，就成为萦绕乔峰心中的一大亟待求解的难题。他自己究竟是乔峰还是萧峰的个体身份寻觅与认同历程，恰是一次从单一文化人转向多元文化型自明主体的认同旅行。

徘徊在汉文化与契丹文化这两种在当时势不两立的异文化之间，乔峰或萧峰究竟该怎样做才是正义的？这样的争议情境总是在困扰他：

萧峰道："我想请问他老人家：倘若辽兵前来攻打少林寺，他却怎生处置？"玄渡道："那自是奋起杀敌，护寺护法，更有何疑？"萧峰道："然而我爹爹是契丹人，如何要他为了汉人，去杀契丹人？"玄渡沉吟道："弃暗投明，可敬可佩！"

萧峰道："大师是汉人，只道汉为明，契丹为暗。我契丹人却说大辽为明，大宋为暗。想我契丹祖先为羯人所残杀，为鲜卑人所胁迫，东逃西窜，苦不堪言。大唐之时，你们汉人武功极盛，不知杀了我契丹多少勇士，掳了我契丹多少妇女，现今你们汉人武功不行了，我契丹反过来攻杀你们。如此杀来杀去，不知何日方了？"

玄渡默然，隔了半晌，念道："阿弥陀佛，阿弥陀佛。"❶

❶ 金庸：《天龙八部》第五册，北京：生活·读书·新知三联书店，1994年，第2056–2057页。

这里展现的萧峰与玄渡之间的难以调和的“明暗”之争表明，在一种文化中是“明”的判断而到另一种文化中则变成相反的“暗”，不同文化的价值观之争是针锋相对、难以消除和无法平息的。接着写群豪来到雁门关前，被大宋守将挡住，说只许大宋良民入关，非大宋良民不得入门。眼见辽国大军追兵将至，而群豪中有不少来自大理国、西域、西夏、吐蕃、高丽等当时不同的“国”。这群跨“国”豪杰所跨之“国”虽然不等于现代“民族国家”，但无疑也属于不折不扣的不同文化群体，所以也就具有跨文化的内涵了。由此，把这种复杂多样的多元文化群体构成视为当代世界多元文化共存状况的一种隐喻或寓言，也未尝不可。

当萧峰以其异常的侠肝义胆威逼与他结拜过的辽国皇帝耶律洪基发誓退兵，并且有生之年绝不再侵犯大宋边境之后，深知自己目前的复杂身份和境遇，既不能在大宋，也不能在大辽被容纳，于是，这样的英雄场面发生了：

> 耶律洪基回过头来，只见萧峰仍是一动不动地站在当地。耶律洪基冷笑一声，朗声道：“萧大王，你

为大宋立下如此大功，高官厚禄，指日可待。”

萧峰大声道：“陛下，萧峰是契丹人，今日威迫陛下，成为契丹的大罪人，此后有何面目立于天地之间？”拾起地下的两截断箭，内功运处，双臂一回，噗的一声，插入了自己的心口。

耶律洪基“啊”的一声惊呼，纵马上前几步，但随即又勒马停步。

段誉和虚竹只吓得魂飞魄散，双双抢近，齐叫：“大哥，大哥！”却见两截断箭插正了心脏，萧峰双目紧闭，已然气绝。

虚竹忙撕开他胸口的衣衫，欲待施救，但箭中心脏，再难挽救，只见他胸口肌肤上刺着一个青郁郁的狼头，张口露齿，神情极是狰狞。虚竹和段誉放声大哭，拜倒于地。[1]

在萧峰大义凛然地以断箭自尽、终于成就自身的义薄云天大英雄美名后，小说中立刻出现这样的议论场

---

[1] 金庸：《天龙八部》第五册，北京：生活·读书·新知三联书店，1994年，第2068页。

面：

丐帮中群丐一齐拥上，团团拜伏。吴长风捶胸叫道："乔帮主，你虽是契丹人，却比我们这些不成器的汉人英雄万倍！"

中原群豪一个个围拢，许多人低声议论："乔帮主果真是契丹人吗？那么他为什么反来帮助大宋？看来契丹人中也有英雄豪杰。"

"他自幼在咱们汉人中间长大，学到了汉人大仁大义。"

"两国罢兵，他成了排难解纷的大功臣，却用不着自寻短见啊。"

"他虽于大宋有功，在辽国却成了叛国助敌的卖国反贼。他这是畏罪自杀。"

"什么畏不畏的？乔帮主这样的大英雄，天下还有什么事要畏惧？"

耶律洪基见萧峰自尽，心下一片茫然："他到底对我大辽有功还是有过？他苦劝我不可伐宋，到底是为了宋人还是为了契丹？他和我结义为兄弟，始终对我忠心耿耿，今日自尽于雁门关前，当然决不是贪图南朝的功名富贵，那……那却又为了什么？”他摇了摇头，微微苦笑，拉转马头，从辽军阵中穿了过去。[1]

这个议论场面其实相当于是一场具有跨文化品质的大英雄萧峰的葬礼或英雄追封仪式，特别是以“丐帮中群丐一齐拥上，团团拜伏”的真诚拜服，予以有力证明。

这场特别的英雄认同仪式，以众人的血泪般感动话语以及争议，给予这位大英雄以异常高规格的礼赞，相当于一场多元文化对话仪式，故可称之为拟多元文化对话仪式。下面不妨把这场拟多元文化对话仪式的参与者简化为六方：

（1）吴长风以丐帮代言人姿态，表示汉族中丐帮群体不仅把这位来自异族的帮主毫无保留地视为自己族人，而且更有最高级的敬佩和崇尚，由此可见出一种超乎寻常的跨族群和跨文化认同；

（2）中原群豪与萧峰关系稍远，但仍以契丹人中也有英雄豪杰的客观评论，表明汉族中其他群体对这位契

[1] 金庸：《天龙八部》第五册，北京：生活·读书·新知三联书店，1994年，第2068—2069页。

丹英雄产生了跨族群和跨文化的认同；

（3）有关萧峰自幼从汉人中学到大仁大义的评论，也算一种借助外来异文化而产生的本文化自明性认同，尽管其对契丹人依然存在偏见；

（4）有关萧峰本已成调停两国间纠纷的功臣而不必自寻短见的评论和有关“畏罪自杀”的回应，表明围绕萧峰的激烈争议不会轻易消失而会长期持续，显示多族群及多元文化之争不会停息；

（5）有关乔帮主作为天下大英雄而何必畏惧的反问，相当于代表叙述人及作家而对萧峰作了一个以大义凛然和义薄云天之“义”为核心的盖棺论定，显示这位英雄的品格的核心不在于一己或一国私利的谋求而在于天下大义的给予；

（6）有关辽国皇帝耶律洪基对自己的结义同胞兄弟萧峰的最后选择感到不解的叙述视点，反过来表明，萧峰的英雄胸襟和品格早已跨越若干不同文化自身的界限，转而攀升到一个至高无上的跨文化绝境，在那里没有不同族群和不同文化的狭隘视界视点之争，而只有跨文化的天下大义的正义性。

透过这场多元文化对话仪式可知，一种真正的多元文化型自明主体或多元自明人，正是以萧峰形象为代表的对多元文化中的不同文化心灵有着深切的跨文化体认、对跨越多元文化界限的共同价值有着超然物外的领悟、最后对自身应当履行的捍卫天下和平职责和个体侠义精神有着自明的人。萧峰以天下为己任、凭借超凡脱俗的侠义精神纵横乱世的形象，集中代表了20世纪中期一种让多元文化价值之争最终归于中国式义气精神的价值取向。

《天龙八部》开始连载之后近半个世纪，网络小说《庆余年》也开始了自身的历时两年的互联网连载，并以七卷本和三百七十余万字的宏大规模完稿，塑造出以范闲为代表的一批新的人物形象。在这里，萧峰式多元而归一的侠义精神已然瓦解，取而代之，读者看到的是一个人物众多而难以归一的碎片化世界。这部小说的跨文化特点在于，所刻画的两代主人公叶轻眉和范闲都具有真正的跨文化之旅，即他们都从现代穿越或跨越到古代去，试图运用现代文化去改造古代文化，结果遭遇不同的结局。与萧峰是在契丹文化与中原文化这两种族群文化之间寻求共时态的横向跨越、由此而建构多元自明人不同，叶轻眉和范闲则是要从现代文化逆向或反向地跨越回或穿越回古代文化去，希图按照现代文化规范去回头改造古代文化。不过，在这母子俩的接力式跨文化改造过程中，多元自明人的生成接连陷入新困境。

这部小说的叙述特点表现在，整个故事由一明一暗两条线索及两名主人公构成，一条是以范闲为主人公的明线，表面看与赫尔曼·黑塞的《纳尔齐斯与歌尔德蒙》中歌尔德蒙在纳尔齐斯的启迪下力求回到慈母的怀抱差不多，叙述范闲穿越到古代庆国，一面追寻生母叶轻眉的来历、功德并暗中调查她惨死的原因，一面在监察院和经商两方面取得成功并为她复仇的故事，不过后来他走上了与母亲颇为不同的道路；另一条则是以其母叶轻眉为主人公的暗线，叙述她当年穿越到庆国帮助年轻王爷取得天下，并在开创监察院和创建庆余堂，即寻求公正和经商两方面取得成功，但终被对手突袭而死的故事。小说对这个明暗双线故事做了交替的叙述，让人感受到这种同样跨文化但又时代不同的历史时段之交替带来的错综复杂感。从发生时间上看，暗线故事在前而明线故事在后，现在尝试以杰姆逊修订过的格雷马斯“符号矩阵”（Semiotic Rectangle）去分析，可以看到这明暗双线故事之间存在一种雅克·拉康意义上的自动重复关系。

在拉康那里，人物呈现为由想象界、象征界和实在界等组成的三角结构，但可以把这个三角结构带到“符号矩阵”中，再增加一种帮手因素，从而可以看到一幅更加多元而又复杂的人物关系构造图及其自动重复状况。以叶轻眉为主人公的“符号矩阵”的第一次呈现，可如下图：

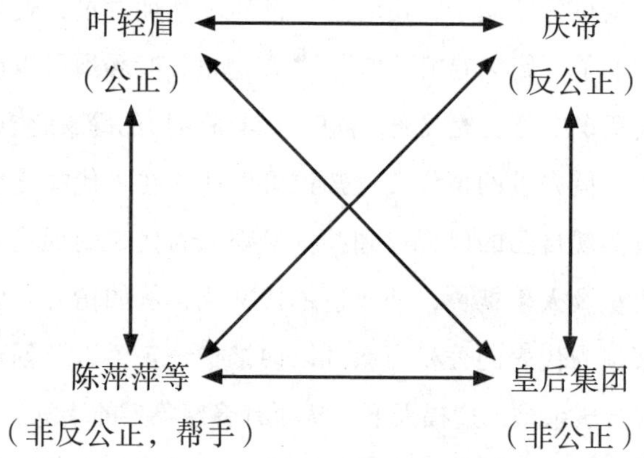

这里呈现出四类人物：

（1）叶轻眉作为跨文化事业的引领者，代表公正的一方。她从现代穿越到古代庆国，凭借其现代社会意识、现代科技知识等征服了当时还是落寞王子的庆帝及其周围的陈萍萍、范建等青年才俊，共同帮助庆帝夺取江山，并着手创建了一个一时间权倾天下的专门监督官员的监察院系统和一个统管全国商贸业的叶家商号庆余堂，还同庆帝暗结珠胎生下儿子范闲，但随即被庆帝假手皇后集团偷袭致死，其亲手缔造的监察院和庆余堂都沦落敌手。“我承认我的野心也大，不过想让这个世界更美好一些”，“老娘来过、看过、玩过，当过首富，杀过亲王，拔过老皇帝的胡子，借着这个世界阳光灿烂过，就差一统天下了，偏生老娘不屑”。[1] 在这里，叶轻眉可以说是现代意识中公正的代表，同时又具备强烈的跨文化意识，以为凭借先进的现代文化知识可以回头在古代文化世界纵情实现自己的以公权和共富等观念为代表的现代文化价值观及人生抱负，即改造古代文化，例如精心开创以监察院为代表的公权力系统以便维护公正，以及创建商业帝国庆余堂以造福天下，从而有着想象界的错觉。

（2）庆帝显然代表反公正一方，为了获取权力并让其永恒化，故选择先利用叶轻眉而后又利用皇后集团而阴险地除掉她，是权力欲、阴谋、自私和武力等的化身，

---

[1] 猫腻：《庆余年》（修订版）第二卷《人在京都》，北京：人民文学出版社，2020 年，第 144、145 页。

属于象征界的眼力，无法走向现代文化。不过，他的性格其实也经历了一个前后变化：先是体现出一代明君圣主的青春气象，在叶轻眉、陈萍萍、范建等的全力辅佐下，从看似不可能的情境下成功地发动政变，夺取江山，做了皇帝，没想到掌握皇权后却逐渐发生质的蜕变，为江山稳固转而选择背叛叶轻眉等打江山的功臣，从青春英雄转变为宫廷权术者、伪君子。

（3）皇后集团为了自身权力而威逼庆帝，并作为铲除叶轻眉的主力而被庆帝利用，是非公正的一方，代表实在界的低能。他们是现代文化的天然反对者。

（4）监察院长陈萍萍、范闲的养父户部尚书范建、五竹等组成非反公正的联盟。他们虽然当年都曾倾心于和支持叶轻眉的现代文化意识和跨文化改造方案，但由于轻信庆帝和疏于对皇后集团与庆帝联手作恶的防范，导致所共同欣赏和敬仰的现代美人及领袖叶轻眉被杀，追悔莫及。他们代表暂时被置身于核心权力秩序之外的替补力量。他们虽然具有跨文化意识，但暂时尚未进入权力较量之中心，积蓄着未来实施复仇行动的地下火焰。

叶轻眉的惨死显示，从现代文化逆时态地跨越回古代去的异文化改造事业，不得不遭到挫败。现代文化想返回去改造古代文化，没想到自身被古代文化视为异类而遭到激烈抵抗和残酷打击，到头来就连自我保护和自我救助的能力也没有。不过，由于范闲的幼小生命被陈萍萍、范建和五竹等义士联手惊险地抢救和秘密保护下来，上述跨文化事业终于留下一种新的可能性。随着范闲长大和入京，并逐步成为皇族权力中心的一员，同时逐渐了解自身的身世、生母叶轻眉的事迹及其与庆帝之间的恩怨，一个新的“符号矩阵”场面再次打开来，可以说是上一幕的自动重复：

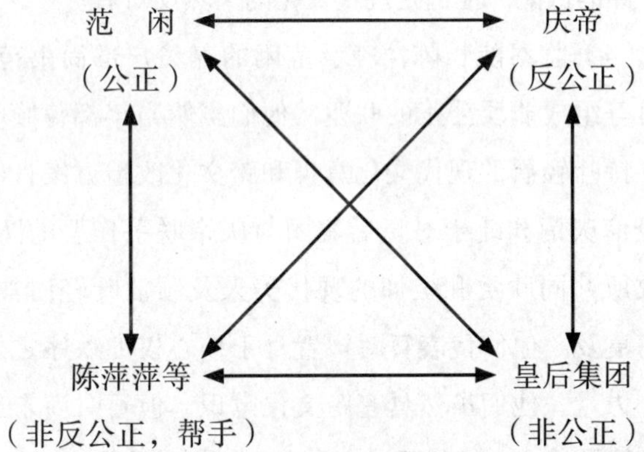

在这个自动重复的人物关系结构中，总体框架不变，只是局部位置发生了重要的替换和调整：

（1）首先有新的跨文化事业引领者范闲。他于百无聊赖中穿越回到古代，成为更早穿越过去的现代女性叶轻眉的私生子，替换生母叶轻眉的位置，成为新的跨文化事业引领者。不过，他不再有叶轻眉那样的想象界的错觉，而是变成了更加冷峻的象征界的代表。他虽然像生母那样有着明确的跨文化意识，希望运用现代文化素养而改造古代文化，但又从小从亲人们那里了解到自己生母的悲惨身世，深知她的失败就在于过于追求公正以及单纯和轻信，缺乏必要的权谋和权力关系维护，因此他力求走出生母的败因，要非同一般地抓取和建构一整套权力关系。这具体表现为，他一度接过生母的监察院权力和商业帝国权力，并且逐渐地做大做强。不过，值得注意的是，他与生母之间毕竟是两代人，有着明显的不同。他身不由己地陷入一种矛盾情境中：一方面，一心要将生母的天下公正和天下共富事业进行下去，并为她而向共同的敌人庆帝和皇后集团复仇，而且也确实取得了成功；但另一方面，他对自己在成功之后到底要什么却处于一种特殊的不完全自知状态。尽管他确实自知一些，例如自知要维护母亲开创的公正和共富事业，但又同时自知不能再像母亲那样单纯、轻信和不善于保护自己，以及更是对应当转而过与母亲的选择不一样的另一种轻松、享乐、闲适的生活有着新的觉悟，例如明白地认识到自己的人生观跟母亲不一样，只是一个“很没用的俗人”。但是，当他先是被迫卷入、后来则是主动发起一连串翻江倒海式的追杀行动，直到亲手杀死皇帝，犯下弑父兼弑君这一滔天大罪，给全国政坛带来一次强震之后，还要再想去过轻松、享乐和闲适的生活，又如何可能、如何做到？岂非自欺欺人？与仅有的少量自知相比，他的总体上的不自知和不自量力则更需要关注。他一方面有能力发起以推翻当朝皇帝为标志的巨大的暴力政变并取得成功，另一方面却没有为此而预备出改天换地后的一整套完整的国家新政方案，这样的多元文化型主体如何可能成就其自身？假如无法呈现一种相对完整和通透的整体价值观，这样的多元文化型人物形象终究缺乏应有的主体性自明。

（2）其次是庆帝。他依旧处在反公正位置，不过是在锄掉叶轻眉而坐稳江山后迅即转变成为想象界的错觉，误以为依仗自身的狡猾、权谋以及令世人莫测高深的绝世武功等就会稳操胜券，但终于在范闲与陈萍萍、范建、五竹等组成的反皇帝联盟的接力式复仇行动中归于失败。

（3）再次是皇后集团。这包括皇后、皇太后、长公主、太子、二皇子等，他们仍然处在实在界低能的位置，被庆帝利用而不自知。太子、二皇子和长公主三人为了未来皇权而展开激烈的你争我斗，联合起来阻拦范闲发展，以及反叛支持范闲的庆帝，被庆帝联合范闲而铲除。

（4）最后是陈萍萍等，代表非反公正一方。他们与范闲联手向皇帝和皇后集团复仇，堪称范闲的帮手。陈萍萍与他虽然既没有血缘关系，也没有义父亲情，但完全称得上他的无所不在的万能保护人。他以其非凡的忠义之心辅佐庆帝，但没想到被后者欺骗，因此后来义无反顾地成为暗里明里全力保护范闲并帮助他完成弑父弑君大业的帮手集团的实际首领。正是他最后的反戈一击给予庆帝以致命伤，才给了范闲以最终取胜的机会。难怪到小说结尾，范闲会特地去他坟上拜望。这个帮手集团成员众多，还有范闲之养父范建、妹妹范若若，情人海棠朵朵，大皇子，师父费介，同事王启年和言冰云，部下杨万里，机器人五竹等。由于这个帮手集团或联盟的势力强大，最后的复仇大业才走向成功。也正是由于这个集团在权和钱这两方面无所不在的对于全国的网络化控制力，范闲才可能在西子湖畔静享其余生。

这样的“符号矩阵”的两次自动重复表明，人类生活历史中的跨文化过程总会出现自动重复的局面，其由想象界、象征界、实在界和帮手四要素组成的人物关系结构基本不变，只是具体的位置和功能则有所替换。同时，交织在这个人类生活历史结构中的中心话题——公正与反公正之间的对话并未改变，而是一直延续下来，推演出人类生活历史的新场面。不过，变化也是有的，这就是集中在叶轻眉和范闲母子之间的传承和变异关系上。这母子两人的传承处在于，范闲在开初继承了生母的跨文化意识及跨文化事业，特别是现代公正感，在不懈地追寻生母遗踪的过程中力图继承她的公权力和共富遗志，并为她复仇。但不同或变异处在于，范闲在继承生母遗志而推进跨文化事业的过程中，实际上逐渐地遗忘了原初的公正感、纯洁品德，反而把自己的对手生父庆帝的权谋和贪欲等传承了下来（以自我保护的名义），虽然胜利了，但也品尝到茫无头绪的失败感。这就是说，与叶轻眉的公正感具有普惠众生的整体公正性相比，范闲的公正感本身已经发生严重的变异或变形，畸变为自身小家族或小集团利益的局部公正性。这种不是天下的整体公正的局部公正，也就根本谈不上公正了。再有一点显著的变异在于他的做人方式上的虚假性或欺骗性。他凭借自身的现代文化人而穿越回古代的独特优势，毫无廉耻地把曹操、李白、杜甫、白居易、苏轼等的古典诗词杰作窃为己有，在朝廷当众炫耀，一个晚上把酒吟诗多达三百首，一举骗取“诗仙”美誉并击败号称天下第一文人的北齐人庄墨韩，四处招摇撞骗，赢取美女倾慕。这应当是他母亲一辈所不屑的。

这种变异的基本原因可以说是多方面的，不妨从客观原因和主观原因两方面去看。在客观上，从范闲奔赴京城的旅途开始，一个又一个阴谋家及其行动就在处处制造陷阱和杀机，将他置身于一个近乎失控的疯狂的权力关系场中，稍有不慎就会丧失性命。这样一种生死攸关的客观的权力关系场，是叶轻眉开初所没有而当其死去后才有的，或者就是叶轻眉的冤死本身所遗留下来的，也就是叶轻眉的流星般短暂而辉煌的跨文化事业留给人们的“遗产”之一。范闲不过是被命运抛入这个权力关系场而难以自拔。在这个新的权力关系场里，陈萍萍、庆帝、长公主、太子、二皇子、海棠朵朵、大皇子、五竹叔等的生存共同编织起一个新的关系网络。与此同时，还必须看到，叶轻眉虽然身体已死，但其灵魂却通过陈萍萍、范建、五竹叔等不断地传递给范闲，让她的跨文化心灵本身具备虽死犹生、缺席而又在场的特殊感召力。这一点更加重了范闲所身处于其中的第二场景的错综复杂性。而在主观上，他当然追慕母亲的丰功伟绩，一心一意要找到残害母亲的凶手并实施复仇行动，也曾想过要将母亲的为普天下百姓谋公正和福利的遗志进行到底；不过，当联想到母亲曾经有过的凌云壮志与惨遭背叛之间的悖逆，特别是自己所一再遭受到并且还将继续遭受到的性命危机时，自保、自救和局部安宁的人生目标追求就转而上升到主导地位了。

所以，正是这种特定的客观的权力关系场与主观的人生目标转变之间的交汇，决定了范闲的人生目标发生了一次根本性替换，他不再将像母亲那样为天下苍生建功立业，而是将如何自保、自救和享受安宁的人生，列为自己的人生目标。只不过，在范闲自己的人生历程中，这种转变或替换过程始终是朦胧而不明晰的，处在时而清晰时而朦胧的过程中而不时常自觉。这让人想到马克思的洞见："人们自己创造自己的历史，但是他们并不是随心所欲地创造，并不是在他们自己选定的条件下创造，而是在直接碰到的、既定的、从过去承继下来的条件下创造。”范闲只能在自己遭遇到的、从母亲那里继承下来的特定历史条件下去生活和创造，从而根本无法脱离这种历史条件，而只能顺应它。不过，他也需要借助这种上辈给予的历史条件去创造。“一切已死的先辈们的传统，像梦魇一样纠缠着活人的头脑。当人们好像刚好在忙于改造自己和周围的事物并创造前所未有的事物时，恰好在这种革命危机时代，他们战战兢兢地请出亡灵来为自己效劳，借用它们的名字、战斗口号和衣服，以便穿着这种久受崇敬的服装，用这种借来的语言，演出世界历史的新的一幕。”[1]可能连范闲自己都没有想明白的地方在于，他所有意识地和自觉地传承生母遗志并为她复仇的壮举，只不过在无意识中被他自己当成了借此而谋取权力和私利的美妙借口。于是读者可以看到，范闲总是利用他是叶轻眉之子的优势而轻易赢得陈萍萍、范建、范若若、五竹叔、滕子京、王启年、海棠朵朵等不同力量的共同帮助或支持。

正是在自动重复的“符号矩阵”的第二次场面中，

---

[1] [德]马克思：《路易·波拿巴的雾月十八日》，《马克思恩格斯文集》第2卷，北京：人民出版社，2009年，第470−471页。

范闲的命运从他被寄养在澹州范府时起就已经注定了：陈萍萍、范建等不甘于叶轻眉的惨死而誓死复仇，于是选择范闲作为他们向庆帝等复仇的有力工具。在澹州寄养、派费介教导其毒术、让五竹叔教其武功、安排他进入监察院和执掌内库等，都是为了把他培养成为复仇行动的关键棋子。只不过，吊诡的是，当他全力以赴地修炼权谋和武功以便复仇之时，他的来自生母的公正感和纯洁性就逐渐地被自动分裂、消解或疏散掉了，变得越来越淡，并且被权谋、私利等所重新浸染，从而发生严重的变异、变味，直到走向异化。读者已经看到，当范闲最终杀死庆帝、将皇权转移到三皇子李承平手中，而自己则几乎毫无顾忌地选择延续其商业帝国权力时，他自己到底要干什么，却是不自知的。这种传承与变异的相互杂糅状态表明，从叶轻眉这母一代再到范闲这子一代，公正感不得不从完整体而走向其衰变体。这无法不让人再次想到马克思的名言：“黑格尔在某个地方说过，一切伟大的世界历史事变和人物，可以说都出现两次。他忘记补充一点：第一次是作为伟大的悲剧出现，第二次是作为卑劣的笑剧出现。”[1]由此看，叶轻眉是一位历史的悲剧性人物，而范闲则相当于一位历史的喜剧性人物。这是因为，叶轻眉拥有足够充足的崇高、公正、纯正等正面人物品质，令人对这位女英雄的毁灭产生一种悲剧感；而模仿她的范闲则使得本应有的正面品质被分裂和变异，沦落为外表上的英雄式人格和内核里的反英雄式人格，也就是大体相当于一个英雄式人格与反英雄式人格相交替的双重人格形象，从而让人对他表面上的胜利和实质上的挫败只能产生轻蔑的嘲笑和鄙夷感。这种双重人格的特点在于，他同时体验到两种相互对立的自我：一个自我是要像母亲那样做改造世界的英雄，把现代文化所崇尚的公正、正义、公平、共同富裕等价值观继续带到古代去加以改造；另一个则要做当代的反英雄，在自知无法像母亲那样改造古代世界时，就毅然选择退出政坛、退隐江湖，而甘做普通人。假如只有一重人格，他要么选择像母亲那样，执着地承担起为冤死的母亲而向生父复仇以及给天下带来公正、共同富裕的使

[1] [德] 马克思：《路易·波拿巴的雾月十八日》，《马克思恩格斯文集》第 2 卷，北京：人民出版社，2009 年，第 470 页。

命，要么选择急流勇退，不做英雄而做江湖逍遥者或享乐者。但结果是，他偏偏两样都做了，而且还把这不可能的两方面统合为一体了，真假并施、亦正亦邪、既忠且奸、借公行私、庄正而戏谑、深情款款而又玩世不恭、壮怀激烈又云淡风轻等。这不是双重人格又是什么？

应当看到，这种双重人格的形成是有原因的。其中之一就表现为三面镜像已经对他产生了令人沮丧的反向启迪作用。小说为范闲的双重人格的构成设计出至少三面可供其照鉴的镜子：生母叶轻眉、生父庆帝和监察院院长陈萍萍。首先，通过叶轻眉的公字为上的镜像映照，他清楚自己需要坚持以现代文化的公正、正义科技等去改造古代文化，但同时又在心里说，没有权力、权谋又怎么能去自保和制胜？叶轻眉之所以作为暗线主人公而存在，恰恰是要为明线主人公范闲设立一位交互式主体或主体间性式人物，一面镜子，也就是借助叶轻眉这位前辈他者而更清晰地显示范闲自身的特质。正是在叶轻眉这面镜子的映照下，范闲的后公正性、后悲剧性、喜剧性及反英雄人格等相关特质才得以呈现得更清楚。其次，通过庆帝的权字突出的镜像反射，他知道尤其需要权力、权谋和武功以便自保和制胜，尽管也知道假如不争取以现代文化的公正、正义和科技等去改造古代文化，怎能为之带来进步？最后，再通过陈萍萍的忠字当头的镜像照鉴，他明白为人必须忠义至上，但不能再像陈萍萍那样把它慷慨奉送给皇帝，而必须留给自我，即忠于皇帝或他人不如忠于自己，忠于天下大我之公正不如忠于自我和家族小我之安逸自在。

面对这三面镜子，范闲只能小心翼翼地生存在它们的相互映照的缝隙之间，稍不留意就会误把镜像直接当作自我而产生迷失，甚至异化。实际上，最终他走的路，他选择的生活方式，无论是否出于他的主动选择，都是与自己的生母、生父和保护人既像又不像。看起来他跨越回古代是为了继承生母遗志，以先进的现代文化去改造陈旧的古代，而他也确实这样做了一部分，特别是完成了向生父复仇、重新实现公正或正义的伟业，但是，他到头来却只是满足于享受成功的商业帝国中的轻松闲适和逍遥自在，而根本不管整个庆国的现代化整体治理。至此，他既没有走生母的，也没有走生父，以及保护人的老路，而是走向一条属于自己的但又与其初衷相悖逆的新路：假如像他那样只满足于自己家族统治的商业帝国的闲适和享乐，又如何可能实现最初的以现代文化去改造古代文化、完成现代化治理的国家目标？表面看，他终老杭州西湖的闲适生活似乎已经充满自信与自足，例如结尾对女儿说“我的人生，大概便是……既来之，则安之”，甚至让做了皇帝的三皇子李承平虽然心生怨气也自感无计可施。但如此这般的带有某种现代犬儒主义或精致的利已主义意味的结局证明，范闲其人只能算是当代人的一种美学空想，或是一种没有内核的空心人形象设计。

确实，就《庆余年》所虚构的庆帝死后的庆国状况来看，这是一个需要英雄有为但只小为乃至不为的时代。需要英雄有为，是指从现代跨越回古代的范闲，有理由以叶轻眉式非凡勇气按照现代性工程去全盘改造庆国，也就是不仅要先剿灭长公主集团策划的京城叛乱，进而向庆帝复仇，而且最终还要夺取皇权并让庆国改天换地。只是小为，是指范闲终究只满足于在剿灭上述叛乱、消灭庆帝后不再有任何作为，而甘于刀枪入库、立地成佛、归隐于江湖，仅仅通过商业王国的继续掌控而求取个人和家族的局部安逸生活。乃至不为，是指范闲最终实际上是不管庆国百姓死活而只顾小家族利益，从而相当于不为或不作为。范闲本来应当已经被叶轻眉、陈萍萍、范建、五竹等导师及帮手灌注了远大理想、强大武功及足智多谋的能力等，更寄予了重振山河、扭转乾坤的厚望，而且确实已经具备了如此大为的超常能力，却自己选择了大为不如小为、小为不如不为，也就是小为即为、小为即安，不为而为、不为而安的独特道路。因为他已深知，自己面前的三面镜像早已不再提供英雄的完整范本而只能提供其无法复原的碎片了：叶轻眉之公心换来的是死不瞑目的结局，庆帝之权谋和伪善使其终究体无完肤，陈萍萍之赤胆忠心竟遭无情背叛。在这样的镜像碎片映照下，无论拥有多强的英雄强力，范闲都不得不选择自保、自安于一己私利的天地里。范闲所身处的这个时代，注定了是需要英雄而英雄不为的时代。这里的英雄之不为、时代之不为，同老子和庄子等道家所主张的“无为”之间存在本质上的不同：看起来同样是不行动或不作为，但道家是以不行动而要顺应自然本身的规律，达到“无为而为”“无为而治”的社会治理目标；而范闲的不行动是在攫取和挥霍天下商业财富之时，放弃理应对天下百姓承担的责任和义务，偏安一隅，本该为却不为，或者说是有所私为而拒绝公为，一心为了私为而放弃公为。置身于这种英雄自动选择不做英雄的时代，实际上意味着置身于一个召唤和期待真英雄降生于世并奋发有为的时代。

再把《庆余年》中的两位主人公范闲和叶轻眉同此前《天龙八部》里的主人公萧峰加以比较，就会发现，萧峰形象与叶轻眉形象之间似乎存在着一种同时代的同质化品格，即同样追求公正、纯正等，而范闲则相当于是他们的公正和纯正被消解之后的不肖之子。萧峰和叶轻眉仿佛都属于20世纪的人物形象，带着那个飘逝而去的世纪的斑驳印记，令人想象、怀念，并产生绵绵无尽的乡愁，但又无可奈何地感叹它无法永远留存人世间。他们公正如诗、纯美如画，但只配存在于范闲的怀旧的头脑里，而无法活在他的时代里和他的周围。到了范闲的时代，萧峰和叶轻眉式人物早已没有了赖以生存的土壤，取而代之的是庆国、北齐、东夷、大理等“国”之间的跨国、跨文化之争日趋激烈，而庆国内部则是皇后、太后、太子、二皇子、长公主等权贵人物之间围绕皇权传递而产生的权力较量近乎白热化，这“国外”与“国内”两股势力交错在一起，为范闲的生存、发展和发挥作用提供了新的历史条件。与萧峰和叶轻眉那样壮怀激烈地、舍生忘死地为跨文化之公正事业而英勇奋斗并慨然赴死相比，范闲诚然也曾有过寻觅和继承母亲遗志、完成其未竟跨文化事业的壮志，但后来为了现实私利、自保等而逐渐将原初之心淡忘，转变成一个在商业帝国中享乐之人。他拥有现代文化特有的多元文化素养，具备与不同文化和谐相处的超常能力，但在完成弑父弑君而为生母复仇的大业之后，却选择以商业和享乐为基础的生活，而遗忘国家的现代化治理是一项涉及面十分深广的整体基业，遗忘掉普天下百姓的安危。这从人物性格构成来看，属于原初的人生目标在后来出现悖逆或逆反的情形，可以视为一种外表的英雄性与内核的反英雄性相共存的双重人格。而从以商业和享乐的单维度生活去代替原初应有的有关现代生活的总体多维度追求看，这显然属于一种看似拥有主体性而实际上主体性匮乏的无主体的主体性。这让人不由得感叹，当代似乎已无力产生可以孕育新的多元自明人主体的土壤了。

可以说，在萧峰与范闲之间，跨文化事业所召唤的多元自明人主人公形成了一种隔空的对话性关联：如果说萧峰是多元自明人的完整性与完善性的当然代表，但毕竟已成为飘逝而去的20世纪人，那么，范闲则相当于这种多元自明人完整体在当代的碎片化异类，即是萧峰式主体在其完整体在现实中崩塌后的难以归拢的零散的碎片。范闲即便已经具备了与多种异文化相处的能力，但没有、也不可能去主动建构能够引领庆国百姓去共同开创现代化未来的明晰的总体价值取向，于是就只能畸形地偏安于个体及其家庭的单维度享乐中。如此看，他同自己的亲爹庆帝相比，实在也好不了多少，属于从英雄沦落为反英雄的一路货。从萧峰这一完整的盖世大英雄形象，到范闲这一英雄性与反英雄性相共存而又交织的双重人格形象，多元自明人业已从悲剧性横空出世形象转向了暗淡无光的喜剧式自我消隐"仿象"（或"类象"）。与经典美学中的"形象"可以代表能指与所指、符号表现与规律之间的本质性联系不同，波德里亚意义上的"仿象"揭示这种联系已经转变成为复制性的了，是没有本质、没有历史的空洞的外观。"全部系统都跌入不确定性，任何现实都被代码和仿真的超级现实吸收了。以后，仿真原则将代替过去的现实原则来管理我们。目的性消失了，我们将由各种模式生成。不再有意识形态，只有一些仿象。"[1]这种无意义的空洞"仿象"是对经典

[1] ［法］让·波德里亚：《象征交换与死亡》，车槿山译，南京：译林出版

美学的“形象”的“替代和互换”：“到处都是以相同的方式出现的仿象：时尚中美与丑的互换、政治中左派与右派的互换、一切传媒信息中真与假的互换、物体层面上有用与无用的互换、一切意指层面上自然与文化的互换。所有那些伟大的人文主义价值标准，具有道德、美学、实践判断力的整个文明的标准，都在我们这种图像和符号的系统中消失了。”[1] 范闲其人不过是对叶轻眉、庆帝和陈萍萍等前辈镜像的一种空洞的或“仿真”的复制而已，而绝不是他们的本真意义上的新一代继承人，即不是“形象”而只是“仿象”。通向未来的中国当代多元自明人形象，看来仍处在有待于现实生活的持续探索以及扎实建构的途中。

五、从“美美与共”说起

在结束以上有关多元自明人的探讨后，这番跨文化

社，2009 年，第 3 页。

[1] [法] 让·波德里亚：《象征交换与死亡》，车槿山译，南京：译林出版社，2009 年，第 6–7 页.

学理论旅行本该接近终点了。不过，还可以从个人学术兴趣出发，再做点必要的美学维度延伸。跨文化学学科本身是可能蕴含多维度意义的，例如哲学的、美学的、伦理学的、人类学的、社会学的、民俗学的、法学的、经济学的维度等及其意义，而在其中，美学维度的意义想必也是必不可少的，当然其他维度的意义也同样重要。跨文化学的美学维度的意义，是指跨文化过程中所生成的本文化美与异文化美之间的间性涵濡状况，也就是两种或以上文化美之间会产生相互接触，进而出现间性涵濡。对这种不同文化美之间的间性涵濡状况加以认识，有助于进一步呈现跨文化过程的深层意味。

从美学维度看跨文化学可知，一种本文化在接触外来异文化时，自身之美与外来异文化美之间首先会发生文尚即文化好尚之间的冲突，进而触发文忧即文化异忧，随后进入或长或短的文涵即文化间涵过程，再到实现文生即文化更生，结果是展现文集即文化集美或文化美集。如此说来，跨文化学理解中的异文化美，说到底，是将不同文化美不再如通常的乐观论者主张的那样融合起来，而只不过是集束起来，即不是追求相互之间的同一性境界，而只是达成相互之间的“和而不同”，这就是一种文化集美或文化美集，可称之为美美异和。[1]

说到美美异和，需要首先适当回到费孝通的名闻遐迩的十六字箴言上：

各美其美
美人之美
美美与共
天下大同

这是费孝通于1990年80岁生日时在日本提出来的。[2]这个思想有一个短暂而又逐步的酝酿过程。在此前的1988年2月，他已经表达过有关破除“各是其是，各美其美”“以我之是强人为是，以我之美强人为美”等现状的思想，提出为“多元一体”的当代世界找到“一个共同的意识基础”的目标，还明确地把“怎样使人群

[1] 见我的《艺术公赏力：艺术公共性研究》，北京：北京大学出版社，2016年，第419–425页。

[2] 费孝通：《东方文明和二十一世纪和平》，《费孝通全集》第15卷，呼和浩特：内蒙古人民出版社，2009年，第239页。

间能相互理解”列为自己“要探索的课题”。[1]那时的他显然已经有了认真处理跨文化学课题的筹划。一年后的1989年3月，他终于直接引用英文“跨文化传播”一词，即Cross-Cultural Communication，并分析说“Cross是指两个不同的东西相接触，交流，贯穿相通。Cross-cultural的意思是不同文化的交流、信息流通，这是一个新概念”[2]。至此，他确认需要建立一门类似于后来的跨文化传播学去处理这些问题了：

> 这门学问是从Public Relation公众关系学里逐步发展出来的。这门课谁可以讲得最好呢？我想是中国人。最早从孔夫子开始。当时是战国时代，讲人和人怎么相处，各种民族，各种文化不同，正在大接触过程中。楚国人与齐国人不同。我们苏南是吴越，中原人是看不起我们的。吴国有个季子，懂得音乐，他能从各国的音乐中听出各地的人素质不同。他能理解各

---

[1] 费孝通：《〈外访杂写〉前言》，《费孝通全集》第13卷，呼和浩特：内蒙古人民出版社，2009年，第24页。

[2] 费孝通：《从私交到公关》，《费孝通全集》第13卷，呼和浩特：内蒙古人民出版社，2009年，第194页。

> 地文化的差别，正是为了促进不同文化的人的相互了解。不同文化的人在这个地球上越来越分不开了，必须要在不断接触中求生存，求发展。因之必须要建立一门科学，去研究不同的文化怎样可以相处，和平共存，互相促进，共同发展。[1]

他虽然承认那时暂时还没有找到合适的中译词，但毕竟直接提出了以不同文化之间的“接触，交流，贯穿相通”为主要研究对象的跨文化学视角，以及建立跨文化学的大体设想。他的上述十六字箴言，应当正是这种跨文化学设计在其美学维度上的结晶，因为他的思虑的焦点集中在不同文化之“美”的“跨文化”沟通上。在1989年7月，他在“各是其是，各美其美”之后，又提出了“人们不仅自美其美，而且能容忍各美其美，甚至进一步美人之美”[2]的新表述。这些思想在跨文化学视角推动下逐步趋于成型，就等待与中国式“大同”观念相

[1] 费孝通：《从私交到公关》，《费孝通全集》第13卷，呼和浩特：内蒙古人民出版社，2009年，第196页。

[2] 费孝通：《从小培养二十一世纪的人》，《费孝通全集》第13卷，呼和浩特：内蒙古人民出版社，2009年，第257页。

结合的遇合时机了。所以，到了次年他八十寿辰时，这十六字箴言就终于酝酿成熟了。

有关“各美其美，美人之美，美美与共，天下大同”的含义，费孝通自己在随后的几年间陆续有过多次相关或相近的集中阐释[1]，这里只列出他在1999年9月的简明论述：

> 这句话也就是今天我提出的文化自觉历程的概括。“各美其美”就是不同文化中的不同人群对自己传统的欣赏。这是处于分散、孤立状态中的人群所必然具有的文化心理状态。“美人之美”就是要求合作共存时必须具备的对不同文化的相互态度。“美美与共”就是在“天下大同”的世界里，不同人群在人文价值上取得共识以促使不同的人文类型和平共处和发

[1] 例如，费孝通：《东方文明和二十一世纪和平》，《费孝通全集》第15卷，呼和浩特：内蒙古人民出版社，2009年，第239–241页；《人文价值再思考》，《费孝通全集》第16卷，呼和浩特：内蒙古人民出版社，2009年，第53页；《完成“文化自觉”使命 创造现代中华文化》，《费孝通全集》第16卷，呼和浩特：内蒙古人民出版社，2009年，第222页；《必须端正对异文化的态度》，《费孝通全集》第16卷，呼和浩特：内蒙古人民出版社，2009年，第430页。

展。总而言之，这一文化价值的动态观念就是力图创造出一个跨文化界限的研讨，让不同文化在对话、沟通中取长补短，达到我们的老话“和而不同”的世界文化一体。[1]

对此论述，诚然可以引申出若干不同的理解，但就费孝通自己的出于“文化自觉”及“跨文化”视角的阐释看，明确地包含如下几层基本意思：一是当今世界不同文化美之间的分散与孤立状态即“各美其美”是不应当的；二是应当寻求不同文化美之间的“跨文化”的合作共存，这就需要对异文化美予以应有的承认和尊重，也即“美人之美”；三是各种不同文化美之间应当“在人文价值上取得共识以促使不同的人文类型和平共处和发展”，“在对话、沟通中取长补短”，最终实现“世界文化一体”的目标，所以需要“美美与共，天下大同”。

这里的问题焦点，不在于是否承认当代世界的多元文化并存现实，因为这已经是不言而喻的公认现实，而

[1] 费孝通：《重建社会学与人类学的回顾和体会》，《费孝通全集》第16卷，呼和浩特：内蒙古人民出版社，2009年，第454-455页。

在于在此基础上对未来目标的确认及其路径选择。对此，费孝通的主张十分明确：世界的未来目标是“天下大同”或“世界文化一体”，而通向这个目标的路径就是“取得共识”和“和平共处”，也即“美美与共”。

不得不直说的是，费孝通的上述目标和路径都显得过于乐观和理想了。联系新冠肺炎疫情以来，特别是着眼于“百年未有之大变局”背景下当今世界文化分裂加剧及其未来趋向，多种文化及政治势力之间的交锋和对抗已经变得越来越剧烈、越来越错综复杂、越来越难以化解。此时，费孝通有关“美美与共”“天下大同”“世界文化一体”等想象，就难免更显得过于纯真了。“美美与共”之“共”字，“世界文化一体”之“一”字，固然都可以高度凝聚文化共同性幻象的诱惑力，但放到当今世界异文化间接触的实际情形看，无疑让人倍感其真正兑现的艰难。

六、美美异和

这样，这里转而采取一种稍有不同的选择是必然的：与其坚守于“美美与共”所代表的文化共同性幻象，不如取而代之，寻求一种美美集束、美美相和、美美不同的新路径。此时，就不应当延续“美美与共”的“天下大同”幻象，而应当转而探讨美美异和或美美和异的现实可能性。美美异和意味着，彼此不同的异文化美呈现出相异而和、相和而异的情形，它们之间虽然可以并存、相和，但毕竟仍然存在和保持无法轻易消除的差异性。

如此，从美美异和着眼，不妨比照费孝通的十六字箴言，按如上意思略加改动，得到下面四句话：

美己之美
美他之美
美美相集
美美异和[1]

美己之美，是说每一种民族的本文化都有自身之美，

[1] 初见我的《艺术公赏力：艺术公共性研究》，北京：北京大学出版社，2016年，第419–425页。此处略有调整。

这是与任何其他异文化相接触时都会展现的互不相同的特异美，从而是该民族成员需要以自信、自主和自立姿态去加以尊重、体认、传承和令其不断更新的美。这与“各美其美”的意思是相近的。

美他之美，也相当于费孝通的“美人之美”，是说每一种民族的本文化在确立自身之美的同时，也需要适当尊重和欣赏与己不同的异文化美。而对于跨文化学而言，美人之美恰恰是美己之美的一条必修法门：本文化只有尊重和欣赏来自其他民族的异文化美的特异性，才有可能反过来更准确和深沉地理解和欣赏自身的本文化之美。假如无法尊重和欣赏异文化之美，也就难以反过来真正尊重和欣赏自身主体文化之美。假如只知道二胡而不知道钢琴等西洋乐器，就很难识别二胡的“国乐”特性。当把二胡与钢琴等西洋乐器加以比较时，才可通过钢琴等他者的镜鉴而回头识别二胡本身的独特音色。

美美相集，这与“美美与共”所产生的“天下大同”的同一性幻象不同，不是要让本文化美与异文化美之间走向同一性，而只是要达成一个有限度目标：既美己也美他，也就是既美他人之美也美自己之美，从而形成美与美之间的相互集束或并存局面。此时，他人之美与自己之美之间，本文化美与异文化美之间，诚然力求相互共存及双赢，但绝不会轻易实现完全同一，而主要是相互集束或并存。一台音乐会，既可以上钢琴、提琴等西洋乐器，也可以上二胡、琵琶等中国乐器，这两个不同的乐器系统虽然可以共同组成一台中西合璧音乐会，但它们之间并不简单地走向同一性，而是在保持各自的独立性和独特性的前提下参与进来。这种共同参与，并不等于相互融合或同一，而只是各自保持异质性和独立性前提下的集束，也就是一种文化集美。

美美异和，或美美和异，是说本文化美与异文化美之间可以形成既美己之美也美人之美、借助人之美而识别己之美，从而实现美美相异而相和或美美相和而相异的目标。美美异和，是指本文化美与异文化美之间的相异而和、和而相异的状态。在当前仍在持续的文化现代性进程中，本文化美与多种异文化美之间的文化间性是根深蒂固的和无法连根拔起的，其相互之间的文化涵濡也会是持续的和频仍的，这已经成为当今世界的常态，并还会一直延续到可以预见的未必短暂的未来。美美异和，其实更完整地说，应当表述为美美异和异，也就是美与美之间的异—和—异之间的相互循环格局，也即不同文化美之间携带各自的难以同一的差异来展开平等对话，寻求暂时的和谐局面，但结果还是要回归于各自的无法消除的差异的保持上。

由此看，跨文化学的目标或境界，既不在于多种异文化美之间的文化共同性幻象的追求，也不在于多种异文化美各自的文化异质性坚守，而在于多种异文化美之间的美美异和之境的维持。

七、通向美美异和之路

不过，为了达成和维持美美异和之境，仍需要做一些基础性工作。这绝不只是单纯的跨文化学视角下的美学、艺术学等所能做的，而是需要政治学、哲学、社会学、伦理学、法学、经济学、传播学等多学科的多维度协作。在其中，以下这些方面是需要重点建设的：

其一，美美互承。这是指不同文化美之间实现相互承认。这一点在今天并不容易。与认同自身之美既容易也不易的境况相同，承认他者之美也变得既容易也不容易，特别是获得他者的承认有时变得格外艰难。而缺乏他者的承认，自己再美自己也是无济于事的。

其二，制度共设。这是指不同文化美之间需要依托一个能够立法以保障文化美集得以继续和维持的共同的社会制度。

其三，程序共识。这是指不同文化美之间在共同社会制度基础上达成相互之间的平等对话得以进行的共同程序。

其四，公心涵濡。这是指各国公民之间、各国内部公民之间、公民群体之间、公民个人之间，能够以顾炎武所谓“合天下之私，以成天下之公”[1]的姿态，共同涵养一种美与美可以平等相待、和谐共处的公共心灵。

其五，心性修养。这是指发扬儒家有关德性修为和道家“虚静”“无为”等以心学为核心的主体修养，形成世界各国公民的主体修为共识，主动地从自我心功做起，培育美美异和的主体人格。

其六，三才分合[2]。钱穆等倡导的“天人合一”主张

---

[1] ［清］顾炎武：《日知录》卷之三《言私其豵》，参见顾炎武著、黄汝成集释《日知录集释（全校本）》上册，栾保群、吕宗力校点，上海：上海古籍出版社，2006年，第148页。

[2] 见我的《艺术公赏力：艺术公共性研究》，北京：北京大学出版社，2016

诚然很有感召力，但在今天的世界性境遇中，容易被误解为过于乐观和过于理想的同一性幻想，尽管其所表征的意义空间其实远为博大精深。为了进一步准确地理解这个主张，我倒愿意从《周易》、陶潜、苏轼等古代典籍和诗文中拈出天才、地才和人才的“三才”观，寻求天地人三才间的和合境界。同时，也同样为了避免“三才”之间的关系被误解为过于乐观和理想的同一性幻想，这里放弃“合一”一词而酌用“分合”，着重体现因异而分、分而相和、和而相异的意思，也就与美美异和之意相通了。三才分合，就是指寻求当今世界天地人三者之间你中有我、我中有你、异而和、和而异的境界。

关于跨文化学及其要素，这里只是一次粗略和浅显的尝试，企望来日可作订正、扩充和调整。

经过此番跨文化学之旅，想必读者已对跨文化和跨文化学学科有了一些体会。在文化现代性进程中，任何一种文化都不再是单文化的而是跨文化的，也就是双文化的或多元文化的，都得经历文化与文化间的间性涵濡

年，第542–553页。

的形塑。人作为文化的创造的主体和创造性成果，也都是在与他人一道共同参与的跨文化之旅中被涵濡成的。无论是文化还是人，都需要跨越必经的间性涵濡旅程。可以说，在文化现代性进程中，任何一种文化都必然地是跨文化的，也就是由文化与文化间的涵濡构成的。文化总是文化与文化间的涵濡，人是文化与文化间涵濡的成果。一句话，人是文化间涵濡的成果。由于如此，人需要自觉亲历文化与文化间的涵濡过程，逐步涵养成多元自明人。

在文化之间的涵濡或文化间涵过程中，重视文尚（文化同尚）的主导地位有其必要性和重要性，因为只有坚持文尚才能实现文化守正的目标；但就当前世界境遇下的中国文化建设而言，注重文忧（文化异忧）的优先性有着同样不可替代的意义：必须坚持从本文化发展立场和视角出发去接触和处理异文化问题，运用前文所述及的忧异律、忧己律、先忧律、忧奇律去包容异文化，从异文化中提取出有益的元素，让其助力于本文化的更生，力求产生以本辨异、以异益本的跨文化效应。以本辨异，是说对于与我们发生接触的任何一种异文化，都不是不加区分地一律兼收并蓄，而是无一例外地都坚持从本文化更生立场和视角出发，冷静地加以辨析，透析其益害、好坏、优劣、长短或高下等特质。以异益本，是说以本文化更生为标尺，从异文化中提取或优选出那些对于本文化更生可能有益或优质的成分，让其融合到本文化的面向未来的自我更生进程中。只有善于以本辨异和以异益本，本文化才能不断地回应自身内部及异文化的诸多挑战，实现创造性更生。如此，中国本文化的现代复兴目标才能稳固地实现。

余 论

现代中国的杂糅半觉式典型

——论话剧《活动变人形》中的人物形象

看完话剧《活动变人形》，我的脑海里不禁思绪起伏，围绕倪吾诚这个中心人物而逐渐凝聚成一连串观感：这里呈现了中国现代话剧舞台从未有过而又意义重要的一组中西方跨文化典型形象。这组人物形象虽然早就在王蒙的同名小说原作中出现（1986年），但作为由小说改编而成的舞台艺术形象，毕竟还是首次亮相，因而值得关注。

一、舞台中央与边缘的对话

这种观感与这部话剧的特定舞台处理方式和表演效果有关。该剧在舞美设计和叙述人设计上都有其独出心裁之处。舞台中央先后随处变换着主人公倪吾诚及其家族在河北孟官屯老宅院、北京胡同住宅或城市餐馆等处多重场景，灵活而自由，便于主人公及其家族成员上演自己的喜怒哀乐或悲欢离合故事。而这多重灵动场景装置的设置，恰如倪吾诚送给儿子倪藻和女儿倪萍的日本产“活动变人形”图书一般，该书全是画，头、上身、下身三部分都可以独立翻动，由此而任意排列组合成无数个不同的人形图案。这图书由其儿女多次翻看，寄托着倪吾诚对儿女的西化生活方式的想象和幻想，其实也寄托着他对自己的未完成梦想的期待。但其真正意味深长的寓意可能在于，它可以反过来寓指倪吾诚自我形象本身：他自己不正是一个什么新鲜事物都想模仿、但结果什么都不是的半吊子人物吗？多重灵动场景装置及其与“活动变人形”图书的多元形象组合寓意间的同一性关联，为倪吾诚其人性格的典型性呈现提供了合适的舞台时空。

与上述多重灵动的舞台中央场景相应，舞台边缘处为全剧旁观者兼当事者叙述人倪藻的双重叙述（旁白）提供了自由灵动的位置。这位叙述人飘忽不定地在舞台边缘行走、在椅子端坐、拨打电话，时而又迈入舞台中央的空隙处，最后还与姐姐倪萍一道做总结。这样的双层舞台构造就为观众对该剧故事的观看提供了双重视角：一重视角是倪藻作为上述双重叙述人对当年发生在父辈和自己这一辈的故事进行事后的冷峻反思，另一重视角则是这个家族的所有当事人在当年的即时本真演出。因为倪藻作为当事人和旁观者也无法真正了解全部事件过程及其秘密，而只能叙述其中的大约一半；而倪藻无法叙述的另一半，就该由所有家族成员自我表演了。如此一来，真正的全知全能者（如果有的话）应该也就只能是观众了，他们可以时而旁观在外，又时而投身其中，既可以有事后旁观的冷峻姿态，也可以有当时倾情投入的热狂体验，从而对倪吾诚为中心的中国现代知识分子的跨文化旅行产生出距离感与疼痛感相交融的多味体验。

二、家族下跪仪式及其“分隔”意义

对这种跨文化冲突状况，不妨以剧中一幕场景为集中标志。当留洋归来的倪吾诚热切地要把自己倾心向往和热烈拥戴的喝牛奶、咖啡等西洋日常生活方式移植到自己家中时，没想到遭遇妻子姜静宜、岳母姜赵氏和姨姐姜静珍的联合一致的坚决反对。我们无法不面对这一家族仪式般的严峻场面：当倪吾诚眼见岳母随地吐痰而向妻子间接表达不满和批评态度时，没想到妻子向母亲和姐姐告发，导致妻子和姨姐都一致地不仅不以为错，反倒指责他不孝，还一致蛮横地要他向岳母赔礼道歉，直到强行让他下跪、赔罪才罢休。在观众目睹倪吾诚如何在静宜执意要求下和姜静珍目击下，无奈中极不情愿地向岳母下跪认错的瞬间，一个鲜明而重要的转折点仪式般地出现了，表明从此倪吾诚在自己与姜静宜的夫妻战争中就基本上大势已去、败局已定。尽管后来当他生病且被解聘时静宜细心看护而导致夫妻关系一度转暖，但夫妻间精神上分道扬镳的格局终究不再发生根本改变。一名留洋归来的大学教师，在自己没错时反倒当众向岳母下跪，这一举动无疑仪式般庄重地宣告他的整个家族生活改革举措遭遇挫败，主人地位就此沦丧殆尽。

要理解这一仪式性场景的意义，可以参考人类学家阿诺尔德·范热内普有关“过渡礼仪”的研究：“每一个体总是共时性或历时性地被置于其社会之多个群体。为从一群体过渡到另一群体以便与其他个体结合，该个体必须从生至死，始终参与各种仪式。”每个人的一生总会参与这类“过渡礼仪”，经历其人生环节“过渡”所产生的“分隔”功能。“尽管仪式形式多有差异，但其功能则相近。有时，个体独处一地，隔离于所有群体；有时，作为某群体的成员，与其他群体成员分隔开。一切社会的分隔均有两大特点，且不拘时空所限：男女之性别区分；世俗与神圣之巫术—宗教性区分。……无论对个体或群体，生命本身意味着分隔与重合、改变形式与条件、死亡以及再生。其过程是发出动作、停止行动、等待、歇息、再重新以不同方式发出行动。其间，要不断逾越新阈限：季节、年月或昼夜之交；诞生、青春期、成熟期及老年之变；死亡与再生（对有此信仰者而言）之转换。”[1] 这种“过渡礼仪”的主要功能是将该仪式的当事者与自己的过去及其他人群“分隔”或“区分”开来，以此宣告新的阶段或状态的开始。所以，“过渡礼仪”的人生功能主要在于“分隔”，通过这种“分隔”而让当事者告别过去之我而奔向新我。这样，个体在其人生中具有关键意义的过渡时刻所经历的社会仪式，会为他下一阶

---

[1] [法]阿诺尔德·范热内普：《过渡礼仪》，张举文译，北京：商务印书馆，2012年，第188–189页。

段的状况提供重要的“分隔”线。由此回看倪吾诚所经历的上述下跪仪式，当他被迫向岳母和妻子及姨姐三位女性臣服时，就宣告了他与自己过去的家族身份之间的庄严“分隔”的完成：他不得不与自己过去在这个家族中的主人、统治者或主动者地位“分隔”开来，转而沦落成为家族中的臣民、被统治者或被动者。

应当看到，发生在舞台中央家族住宅场景下的这场下跪仪式，对倪吾诚后来的人生轨迹有着强大的“分隔”力——其人生由盛转衰的关键转折点。当这一“过渡礼仪”的“分隔”力由舞台上演员们的投入表演而逼真地产生出来时，与小说原作阅读时需读者自己在头脑里想象出场景相比，显然要生动和强烈得多！这也反映出话剧在舞台场景鲜活再现上所具备的独特美学优势。

三、杂糅半觉式典型

透过上述标志性中央场景和边缘叙述者的设置及其寓意，还有下跪仪式的效果，可以再来看看剧中三位主要人物形象及其性格特征的刻画。

从舞台故事呈现可知，倪吾诚是一位向往西方异文化并全力将其移植到中国但遭遇惨败的典型。他年轻时勇敢地走出还在吸食鸦片的河北老家孟官屯，留学欧洲两年，回国后满腔热诚地想把其实只是一鳞半爪、半知半觉地学到的那些杂乱无章的西方文化理念，一股脑地移植到中国来。他开口闭口“胡适之”，似乎要像胡适那样实施中国本文化的西化变革，还热衷于推行一整套吃西餐、喝咖啡牛奶等带有西化色彩的日常生活仪式，并且还把中国式浴池洗澡作为新型现代生活仪式在家庭中推行，仿佛赋予中式洗澡以西式生活的仪式化意义。至于家庭，他首先从改造妻子的旧生活方式做起，无论是在老家还是在新家北平，他都要求静宜学会挺胸走路，去看电影、划小船、吃饭馆，还带她听蔡元培、胡适、鲁迅、刘半农等演讲。但意料不到地，妻子本人对此全然不解和顽固抵抗，还联手娘家人岳母和姨姐等予以阻击，不惜发动一场场阻击战。这类家族内部频繁战斗的激烈程度由此可见一斑：当姨姐将一锅沸腾着的绿豆汤泼向倪吾诚时，当三位女人一齐扑向他时，醉酒中的倪吾诚的最后一个绝招就是当着她们的面脱掉裤子，这才终于成功地吓退这三位女人。这无疑也相当于一场“过渡礼仪”，标志着他与她们仨之间已然泾渭分明地“分隔”开来，矛盾激化到无法调和的地步。他随后改变策略，转而从教育两个孩子倪萍和倪藻做起，但也接连遭遇挫败——在娘家人联合起来的压倒多数的逆向环境下，他的任何一次西化或洋化的努力都归于失败，其标志就是这两个孩子都以各自不同方式竭力抗拒，让他倍感失望、落寞。他的失败的根源看起来主要来自他所身处于其中的家族环境的落后和愚昧，其实还是更多地来自他自己：他内心生成了一种强烈的基于外来异文化的杂糅半觉式情结：一面不无道理地崇拜和师法自己东鳞西爪地生硬搬来的西方异文化，但一面由于个人理性或分析能力欠缺，无法分清皮毛和精髓，在杂糅性的半知半觉中根本无法顾及中国国情、家情、人情、乡情等，只知盲目照搬，“食洋不化”，加之个人意志力薄弱，必然只能接连碰壁，结果一无所成。

由此看，倪吾诚的一生称得上一个杂糅半觉式跨文化典型。杂糅半觉式跨文化典型，简称杂糅半觉式典型，是就倪吾诚的典型性格来说的。他虽然是现代中西方之间跨文化旅行的一名有勇气的亲历者，但在这段特殊的跨文化旅行中，又不过只是一名对中西方文化都有所了解但只知其皮毛而不知其整体，停留在半知半觉、一知半解或半道而止的状态的“半人”或“废人”。杂糅半觉式跨文化旅行，表明这里的本文化与异文化在相互接触中各自都呈现出相互杂糅、半知半觉、半途而废或未完成态。这无疑表征着现代中国跨文化旅行中的一种特殊的挫败状况。

处在他的对立面的是妻子姜静宜。她是一位顽固地持守本文化、反对将外来异文化移植到家中，并同样遭遇失败的典型。她本来已经在新式学堂上学了，也对现代新事物有所了解，包括“五四”以来的新文化，但奉父母之命而与倪吾诚定亲后，就退学在家专心等待夫君从国外学成归来，过上相夫教子的平静生活。这位一辈子都信奉从一而终、安分守己的家族礼教的中国旧式女性，面对丈夫的“西化”生活主张，竭力抗拒，坚决不从，加上来自母亲和姐姐的强力支持，在与倪吾诚一生的战斗中时时居于上风。试想，假如没有来自母亲和姐姐的鼎力帮助，她与倪吾诚的战斗结局可能会是另外一副样子。在早已丧失古典本文化生存依据而必须承认现代性进程的世界上，要想顽固地一概拒斥异文化而持守本文化，不知变易、变通或与时俱进，同样遭遇失败。

与倪吾诚相比，静宜身上也有着基于本文化的杂糅半觉式情结：一面不无道理地顽固信奉古代本文化中的基本的或僵化的信条，一面却对本文化中固有的变易、变通或革命精神缺乏理解或领悟，从而在外来异文化奔涌而来时不知进取，不懂移植和转化，属于与“食洋不化”相对峙的“食古不化”，同样也只能以其半吊子本文化而归于失败。诚然，她表面上在与丈夫的斗争中胜利了，但每一次胜利都只能导致丈夫的进一步身心分裂：其身体暂时归家而其精神则继续流浪在外。

这就需要特别提及姨姐姜静珍其人了。她是倪吾诚和姜静宜家庭中的“外人”，但又是其中特别重要的搅局者，尤其是静宜的重要帮手。她出嫁两年丈夫即去世，无儿无女，就回到娘家守寡，一心扮演“烈女”角色。但与此同时，她生性热情如火，刚强勇猛，外向外露，抽烟喝酒、吵嘴打架、刻薄尖酸、专横撒泼等样样精通，无所不能。她有着鲜明而强烈的个人野心和狂野个性，既熟悉古典白话小说，又熟读《家》等现代小说，似乎既是古典本文化的捍卫者，又是现代文化的热心人。古典本文化与现代异文化在她身上形成一种奇特的矛盾杂糅体。她与母亲一道搬来与妹妹一家同住，无形中壮大了妹妹在家族中的地位。当静宜与倪吾诚争吵时，她总是妹妹的强力后援。她一旦参与其中便能立时左右战局，让倪吾诚迅速溃败。然而，当妹妹选择与丈夫和解时，她反倒生活情绪消沉，似乎丧失掉日常生活存在的充足理由了。正是由于她的狂野式存在，这个家族的跨文化精神乱象才愈发鲜明和彻底。说到底，姜静珍也是一位杂糅半觉式典型：半情半理、半古半今、半正半邪、半刚半柔、半醒半醉、半淑女半魔鬼……一句话，也是中西方跨文化对话中的半吊子畸形儿。

这三个主要人物，从中国现代话剧史上人物画廊来看，共同构成一组少见的典型人物群像，即都以他们各自的独特方式去呈现现代中国特有的杂糅半觉式跨文化景观。倪吾诚这一知识分子形象，过去在《倪焕之》的主人公身上有过部分原型，但这里更加鲜明地显露出杂糅半觉式跨文化特点来。姜静宜的既温和贤淑但又顽固守旧的性格有着某种新颖性，但根底里也是杂糅半觉式跨文化的。姜静珍其人则尤其复杂多义：部分地既带有《雷雨》中繁漪的怨毒，也有《北京人》中愫方的开明和坚强，还带有《金锁记》中曹七巧的强悍，以及带有《原野》中金子的疯狂等等，也就是在所有这些方面都是杂糅的和半吊子式的。有这样一位帮手的强力扶持，姜静宜在与倪吾诚的斗争中没有不胜的道理，尽管这种胜利只是表面上的。

四、杂糅半觉式典型在现代中国

确实，在这部话剧里，现代知识分子倪吾诚与妻子姜静宜和姨姐姜静珍等实际上共同构成杂糅半觉式跨文化型主人公群像。因为，在倪吾诚与姜静宜夫妻之间，假如没有姜静宜的突出的对手作用，倪吾诚的人物形象是无法成全的。姜静宜成全了倪吾诚，倪吾诚也成全了姜静宜，他们夫妻二人共同构成相互成全的关系，也就是相互成全了对方的杂糅半觉式跨文化的典型形象。同样，姜静宜得益于姜静珍作为帮手或中介者出现，才能一举打破夫妻二人间暂时平手局面，而让胜利的天平从一开始就轻易地摆向妻子一方。他们每个人身上，都既有化不开的本文化，也有同样化不开的异文化，导致本文化与异文化间形成双重凝冻状态，也即本异双凝态。本异双凝态表明，处于跨文化接触中的本文化和异文化双方都同样处于冥顽不化的凝冻状态，无法通向积极的变革或更生。按照跨文化学，真正成功的跨文化进程不应该是这种本异双凝态，而应该是相反的本异双化态，也就是要求本文化在与异文化相接触时，既不是一味地固守本文化，也不是不加分析地全盘归顺于异文化，而是要通过异文化而使本文化自身发生真正的创造性转化、感化或涵濡作用，即从异文化中吸取优质成分并加以转化或改造，融合于本文化的面向未来的自我更生历程之中。

相比而言，还是倪吾诚的杂糅半觉式跨文化性格在现代中国文化进程中有着尤为鲜明的典型性意义。历时地看，他应当是继欧洲的堂吉诃德、“多余人”等典型形象，以及现代中国的孔乙己、阿Q等相关典型人物之后的另一种有着一些新内涵的典型人物：中外多种多样的现代典型人物的半吊子杂糅体。正如小说原著续集第二章借助于儿子倪藻所反思的那样：“在父亲辞世几年以后，倪藻想起父亲谈起父亲的时候仍能感到那莫名的震颤。一个堂堂的人，一个知识分子，一个既留过洋又去过解放区的人，怎么能是这个样子的？他感到了语言和概念的贫乏。倪藻无法判定父亲的类别归属。”倪藻确实曾经一遍遍地反复列数自己所知的种种人物的“类别归属”:“知识分子?骗子?疯子?傻子?好人?汉奸?老革命?堂吉诃德?极左派?极右派?民主派?寄生虫?被埋没者?窝囊废?老天真?孔乙己?阿Q?假洋鬼子?罗亭?奥勃洛摩夫?低智商?超高智商?可怜虫?毒蛇?落伍者?超先锋派?享乐主义者?流氓?市侩?书呆子?理想主义者? 这样想下去,倪藻急得一身又一身冷汗。”[1] 在这段描述中,叙述人倪藻急切地和竭尽所能地调用自己当时所知的中外政治人物、文学典型人物、艺术流派人物和社会阶层人物等多种不同的名称去尝试反思父亲的人格构成,终不得解。因为他清楚地知道,用这样诸多人物类别中的任何一种去单独规范父亲典型性格的“类别归属”,都显得过度、过分,或过于单一化或简单化。或许,倪吾诚不过就是其中任何一种典型人物的半吊子性格状态而已,也就是杂糅半觉式跨文化典型。这是现代中国文化或中国式现代化道路上的一位半道而止的或似乎永在半路上的半知半觉式典型。

作为杂糅半觉式的跨文化典型,倪吾诚的典型性格中

[1] 王蒙:《活动变人形》,《王蒙文集》第2卷,北京:人民文学出版社,2014年,第298页。

有着这样多层次特征：第一层为崇西贬中症，即狂热而简单地认定西方一切都好而中国一切都坏，表现为热衷于大谈胡适之、到浴池洗澡、喝牛奶咖啡等，忽略对本文化和异文化的冷静认识；第二层为原因误认症，即误以为旧式婚姻是万恶渊薮，似乎自己一生的失败都源于包办婚姻本身，而不知从自身性格上找原因以及从倪姜两家经济实力悬殊上找原因；第三层为知行分离症，空有想象力或理想力而缺乏务实有效的行动力，即只有韦伯意义上的"意图伦理"而缺乏应有的"责任伦理"。这几层次特征在倪吾诚身上是相互交融一体而难以分开的，它们共同地组合成为这位具备杂糅半觉式跨文化性格的典型人物。

导致倪吾诚这一典型性格生成的原因，可以从多方面去考察。文学评论界在分析小说原著时已有多方面涉及，在刚出版不久即被解读为"20世纪中国知识分子心灵历程的缩影"[1]和"一个现代孔乙己的形象"[2]等。而在近年则被与王蒙自传高度联系地解读为一个"标准的'混蛋'"

---

[1] 林焱：《知识分子灵魂的审视——评〈活动变人形〉》，《当代作家评论》1987年第2期。

[2] 宋耀良：《现代孔乙己与批判精神——评王蒙〈活动变人形〉》，《文学评论》1988年第2期。

式形象，要“借倪藻痛苦的童年往事来写倪吾诚作为启蒙者的独特的这一个（夹生的流于皮相的新文化拥护者）的困境和失败”，其主题在于“以四十年代日据时期北平倪家的悲剧来显示现代文明要在古老的东方古国结出美善花果将会何等艰难，或者说是为了显示新文化运动自始至终的尴尬，以及古老中国实现文化转型与文化创新的任重道远”[1]。这些解读和评论都各具其合理性，但我在这里还是主要从话剧舞台创造的人物形象来看。

这里想特别指出的一点在于，倪吾诚的杂糅半觉式性格之来由，交织着经济、政治、社会、心理等多种复杂元素，而其中尤其不可忽略的一点在于经济原因：他从出国留学时起直到后来很长时间，日常花销主要来自妻子及其娘家人，这座沉重的经济大山令他在回国后与妻子及其娘家人的历次战斗中理不直气不壮，甚至在儿女面前有时也变得低三下气，尽管也有随意呵斥之时。正是在经济原因这一点上，假名章事件也有着“过渡礼仪”般转折性作用：一次在与妻子吵架时，他故意交出已经作废了的名

[1] 郜元宝：《审视或体贴——再读王蒙的〈活动变人形〉》，《小说评论》2019年第5期。

章，说可凭这个去他所在学校总务科领薪水，似乎表明他已经决定在经济上完全臣服于妻子，结果让满心欢喜的妻子在他学校两名秘书面前受辱。正是这一假名章引发的当众受辱事件，以“过渡礼仪”式严肃姿态，将他与家族经济地位上的主导权“分隔”开来，标志着他在家族经济地位上的完全丧失，以及随之而来的家政权力上的败落。甚至就连在人格上，他也在整个家族成员中遭遇挫败，蒙受“骗子”等可耻称呼的羞辱。

进一步说，倪吾诚的真正深层而致命的性格生成原因可能在于，中国现代知识分子特有的原始体验情结即“原忧”的作用力。我曾在《中国现代卡里斯马典型》（1994）里分析过洪灵菲小说《流亡》（1928）中主人公沈之菲性格的形成原因：沈之菲之所以能在反动派面前大义凛然、视死如归，却在父亲面前唯唯诺诺、诚惶诚恐，就是因为他身上存在着一种“原忧”——将西方文化中科学、民主、自由等现代性价值移植到中国的历史使命感，与需要加以反抗的古代家族制度和整个古典传统抱有的忠诚、孝顺、敬畏等态度之间，在他深层无意识心理层面构成相互冲突和消解的力量，尽管在意识层面上前者似乎早已战胜后者了。倪吾诚更是如此：他一面将自己杂糅而来的半知半解的西方式价值观全力移植到家族生活中来，而自身理性能力和意志力又都孱弱不堪；另一面还不得不承受妻子娘家所代表的传统家族势力的强力压制和阻碍，特别是经济力量所支撑起来的家族权力压制作用，致使懦弱无能的自己在这两股力量的夹击中变形、变态、扭曲等，最终只能落得半吊子跨文化者的悲剧性结局。他一方面有着大义凛然的进取气象，另一方面又显出懦弱无能的败落景象，从而无法不化身为现代知识分子的一道病态心理奇观。

再看姜静宜性格的典型性之根源。她并非不懂得现代新学或西学的先进性和作用力，而是也曾经阅读巴金、茅盾等，只不过内心深处更习惯于古代烈女、贞节、包办婚姻等旧观念以及旧生活方式而已。这就在她内心播种下一种难以调和的羡慕与怨恨相互交融的无意识情结：越了解或羡慕现代新观念以及生活方式的优越性，就反而越感到自己不过是旧社会或旧历史的可怕和可悲的残酷牺牲品，产生出强烈的羡慕与怨恨交融的扭曲心理，从而越是坚决地予以抗拒。具体地说，她自身的先裹脚又放开、包办婚姻、从新学堂退学回家待嫁等“不良出身”，恰如永远无法洗刷的原罪之根而深植于内心，每当留洋归来的丈夫起劲地宣扬新生活方式时，总会激发起她内心的原罪感而发出深重怨恨，随即异常激烈地予以反抗或阻挠。于是，她带着对未来人生的绝望而展开了一次次疯狂的反抗。这从每当倪吾诚提出离婚时她总是予以拒绝、宁肯接着遭罪也不愿离婚和改嫁可见一斑。当然，她也有和解和宽容的时候，那就是倪吾诚少有地在经济上负责任地支持家里之时："如果倪吾诚月月拿回足够的联合准备银行的货币，如果倪吾诚拿回金条至少是银元，那么，即使传来倪吾诚与哪个女人胡搞、倪吾诚去了舞厅乃至去了妓院的消息，她内心里可能为之痛心疾首，但她毕竟还能约束自己遵守妇道，她没有道理闹，更没有道理'躲了'他。"[1]静宜的这一类怪异行为，是单纯以新旧间冲突来解释时无法自圆其说的。

虽然同样是杂糅半觉式跨文化典型，与倪吾诚有勇气走出孟官屯、师法西方文化，但因自身理性能力欠缺和意志力薄弱而终究只停留在半知半觉状态不同，静宜性格的根源主要在于一种可以被称之为怨羡情结的东

[1] 王蒙：《活动变人形》,《王蒙文集》第2卷，北京：人民文学出版社，2014年，第32页。

西。在我看来，怨羡情结代表中国现代性体验的一种基调。“怨羡情结是一种怨恨与羡慕相交织的深层体验”，在其中，“怨恨往往是由羡慕激发而起的，而羡慕则回头强化怨恨；反之亦然，羡慕常常成为怨恨的另一面，愈是怨恨则愈能见出羡慕”。这“两种基本的现代性体验心态……是交织一体的，相互扭结和共生，难以分开，因而宜合起来称为怨羡情结”。[1]静宜总是带着怨羡情结去处理与倪吾诚和他的西化生活方式的关系：一方面羡慕这类外来西方文化，并且还了解它的一些内涵；但另一方面又怨恨它，因为直觉到它会彻底毁了她的原本平静而又顺利的家庭生活。于是，她可以接受或承认整个国家和社会的现代化变革进程，但无法承受家族中的任何这类变革，因为后者总是让自己承受恶果。在这方面她也有着相当强烈的女性性别意识：为什么总要让女性承受现代化变革的代价和恶果？一旦直觉到要自己承受这种严重代价和恶果时，她的奋起反抗必定是毋庸置疑、迅速、不管不顾和疯狂的。她的整个婚后生活仿佛都在

---

[1] 王一川：《中国现代性体验的发生》，北京：北京师范大学出版社，2001年，第74–75页。

从事这样坚决而又无望的激烈反抗。在这方面，她与年轻守寡而一生守节的姐姐静珍颇为相似：同样羡慕新生活方式，但同样因个人原罪在身而无法去适应和享受，于是只能同样进行狂野的反抗。这一性格特点，从静珍屡次在家中长时间凝视镜中自我的一幕可以瞥见：她此生有太深重的怨羡情结需要宣泄而又不得。可见姐妹俩之所以总是轻易结成同盟而一道反击倪吾诚，恰是因同样受制于内心汹涌澎湃的怨羡情结的煎熬之故。就这点而言，姐妹俩性格中的怨羡情结的典型性意义是不亚于倪吾诚的“原忧”的隐秘作用及其深厚意义的，两者合起来共同组成现代中国人病态心理的双棱镜像，帮助我们重新审视父母一辈以及作为他们后代的我们自己。

五、子一代反思及其意义

所幸的是，透过全剧中倪藻的回顾性陈述，我们能够一瞥子一代对父辈道路的沉痛而又冷峻的反思：只有坚决而又彻底地了解本文化面临的新境遇和异文化的优劣性，才有可能实施真正的中国现代跨文化工程，并让其成功地引领本文化走向借力于异文化而实现的文化更生。从杂糅半觉式跨文化进程回归于完整的跨文化进程，这可能正是该剧透过倪藻的反思性陈述所要告诉观众的。

而在从杂糅半觉式跨文化回归于真正完整的跨文化旅行方面，现代中国艺术中早已有合适的美学典范。在本文化的现代性持守上，吴昌硕面对西洋美术冲击而复活古代金石艺术传统并挪用西洋绘画中的浓墨重彩，齐白石致力于日常生活花卉虫鱼的现代形象刻画；而在异文化的现代性移植上，曹禺运用西方式话剧样式写出《雷雨》《北京人》和《茶馆》等传世佳作，徐悲鸿将来自西方的写实技巧与中国固有的水墨画传统密切交融而创造出系列奔马图。它们分别作为本文化和异文化的跨文化进程的优秀之作，其成功秘诀之一就在于，绝不满足于杂糅半觉式跨文化的半吊子工程，而是务求真正彻底的跨文化进程，目的在于现代中国文化的借助于异文化中介而实现的自我更生。话剧《活动变人形》透过倪藻对杂糅半觉式跨文化旅行的理性反思而能够让观众想象跨文化旅行的新未来，其目的就已经基本达到了。

不过，还需要考虑的是倪吾诚和倪藻这两代人文化身份间的差异。倪吾诚作为中西方文化之间的半吊子跨文化旅行者，其失败者形象是否就一钱不值？对比王蒙自传所载，其父王锦弟毕业于北京大学哲学系，其同学中就有后来赫赫有名的现代诗人和文艺理论家何其芳，以及文艺评论家和文学史家李长之。而王蒙自己和姐姐的名字就分别来自于其父这两位同窗好友的赐名："我的名字是何其芳起的，他当时喜读小仲马的《茶花女》，《茶花女》的男主人公亚芒也被译作'阿蒙'，何先生的命名是'王阿蒙'，父亲认为阿猫阿狗是南方人给孩子起名的习惯，去阿存蒙，乃有现名。李长之则给我姐姐命名曰'洒'，出自达·芬奇的名画《蒙娜丽莎（洒）》。"[1]从文化身份看，倪吾诚的原型人物无疑也像其同学何其芳和李长之一样，是现代中国知识分子中向西方求取真理的一员，只是他不像这两位同窗那样完整和成功。相比而言，何其芳早年出诗集《燕泥集》《夜歌》和《预言》等，后来去往延安而找到文学与文论主心骨，实现了从新月诗人到马克思主义文艺理论家的转变；李长之青年时代迷恋西方美学和浪漫主义精神，本科时代就写

[1] 王蒙：《半生多事》（自传第一部），《王蒙文集》第41卷，北京：人民文学出版社，2014年，第7页。

出鲁迅研究领域第一部个人专著《鲁迅批判》，直到在全民族抗战时期确立起“迎中国的文艺复兴”“司马迁之人格与风格”等文化建构和文学批评新思路，而王蒙之父则是在北大毕业后去往日本东京帝国大学攻读教育学三年，回国后最高做到市立高级商业学校校长。单从个人专业及职业选择来说，本来他们之间无所谓高低之分，关键还在于同时代社会环境下个人能力及其在家族境遇中的扭曲状况，例如个人的理性能力欠缺和意志力软弱等，以及家族境遇压抑下的性格变态等。简言之，倪吾诚因为自身遭遇的种种变故而沦落为一名杂糅半觉式人物。通过原型人物与其同学的对比，也可从一个侧面见出倪吾诚其人在现代中国知识分子成长历程上的阐释学价值：他可以像一面镜子一样映照出现代中国知识分子的不同道路及其变态命运。有了这个不可或缺的镜像，现代中国知识分子的形象才更加丰富和完整。

再来看作为反思者的子一代倪藻其人。当他在舞台边缘以旁观者身份进行观照和反思时，观众可以看到他的高明和超然的一面；而当他进到舞台中央时而穿行于老宅之中，时而行进在当年家人身边时，观众又可以见到他的当事者的无力和惶恐情状。其实，在观众看来，倪藻诚然有着倪吾诚的旁观者这一超然身份和位置，但也有着难以超然的当事人角色，从而无法真正做到纯旁观的和纯中立的冷静反思，也就无力对倪吾诚展开真正完全而彻底的理性批判。倪吾诚这样的典型人物，固然曾经存在于20世纪中国文化土壤里，但想必还会以有所变异而又息息相通的方式，继续存在于21世纪之中。对此，不仅倪藻个人的家族反思想必无法完全洞察，而且观看倪藻反思的观众也想必无法完全洞察，因为，观众也同样生活于与倪吾诚或其原型人物的生活流之间无法斩断其相互联系纽带的同一条生活流之中。当然，观众或许也会像倪藻一样，带着继续反思的愿望和使命而走向未来。

再说小说原作者王蒙与《活动变人形》之间的特定关联。他在该小说前所出版的中篇小说《杂色》等，以及在之后出版的《季节》系列等，主要是审核自己的，也即以审己构成核心题旨；而《活动变人形》则具有新的用意：把审核目光移置到父亲身上，从审己转向审父，要透过对自身一代人物性格和父亲一辈人物性格的双重反思性体验，试图为现代中国知识分子心灵史或精神史提供不同而又相通的镜像。我曾经指出，王蒙的以审己为主的小说传达出一种独特的“骚讽”风格，即《离骚》

式热烈的政治情怀与冷峻的反讽基调之间相互交融的新型美学风格。“我们可以发现一种新的文体创造——以‘拟骚体’形式造成‘骚讽’效果，写出20世纪后期中国第一代知识分子的‘有机悲喜剧’。”[1]相比而言，小说《活动变人形》的美学价值则在于，运用几乎相通的“拟骚体”形式转而去反思20世纪前期中国一代知识分子的性格悲剧，试图从审父这另一面打开反思现代中国文化史奥秘的门径。

应当讲，话剧《活动变人形》在延续小说原作的上述审父意识的同时，又透过观众对舞台上倪藻的灵动自由的反思状态的旁观和反思，可以同时见出倪藻对父辈反思所呈现的高明处和局限处。反思者倪藻自己也难以同被反思的父辈完全分离开来，因为他的身上既有对父辈的半吊子跨文化者性格的叛逆，也有父辈的那些注定了会继续生长的家族基因或原罪感的传承。恰如王蒙在自传中所说："爸爸！妈妈！在你们活着的时候，我没有好好地照顾你们。在认定自己是革命者以后，我对你们

---

[1] 王一川：《以拟骚体创造有机悲喜剧——王蒙长篇系列〈季节〉在文体上的意义》，《新生界》1996年第2期。

更多地采取批判的态度。呜呼！污垢并非一次风暴能够荡涤干净，罪的脉络罪的根是一代代延续下来的。我现在只能为你们痛哭一场了。你们的痛苦的灵魂，在天上能够安息吗？”[1]当这种“罪的脉络罪的根”呈现出“代代延续”趋向时，子一代显然也无法将自己完全排除在原罪感之外，而同样需要自觉地与父辈一道分担罪责。或许当看完这部话剧后，当代观众的新的反思性分责之旅才刚刚开始。他们在自己的反思性分责之旅中是否可能发掘到前所未有的新意义来，何妨拭目以待？

结语

总的看，倪吾诚作为杂糅半觉式跨文化典型形象，应当是现代中国典型人物画廊里继《阿Q正传》之阿Q、《倪焕之》之倪焕之、《家》之觉新、《雷雨》之周朴园等之后涌现出来的一个无可替代而寓意深远，并可与上述

[1] 王蒙：《半生多事》（自传第一部），《王蒙文集》第41卷，北京：人民文学出版社，2014年，第29页。

前辈典型相媲美的独特艺术典型，为当代人回溯既往百余年来现代中国知识分子的跨文化精神旅程提供了一个可以频频回首而兴味蕴藉的杂糅半觉式文化镜像，称得上当代北京文艺界，乃至当代中国文艺界对现代中国艺术典型的一次独特创造和重要贡献。

这部作品的现有质量已然可观，但鉴于话剧是可以通过持续演出而不断改进、更新和提高的艺术样式，着眼于其愈改愈佳直到成为经久不衰的话剧经典的目标，这里想就其可能的修改提几点不成熟建议。首先，作为故事主要发生地的河北孟官屯（其故事原型为河北省沧州市南皮县潞灌乡龙堂村）和旧北京胡同（如西城的西四、平安里等）的具体环境特征，还应当更鲜明和更具表现力，以便使主要人物性格生成的特殊地缘性力量及其地缘美学密码能更加完整而有力地展现出来。正如小说原作者回忆南皮时所说："我不想回避这个根，我必须正视和抓住这个根，它既亲切又痛苦，既沉重又庄严，它是我的出发点、我的背景、我的许多选择与衡量的依据，它，我要说，也是我的原罪、我的隐痛。"[1] 其次，整部剧中演员与现场观众的

[1] 王蒙：《半生多事》（自传第一部），《王蒙文集》第41卷，北京：人民文

共鸣及共情点可适当增加，这可以通过反复提炼和锤炼出当代观众感兴趣的重要对白语句来实现。再次，从今后作为适合于普通观众观赏的常演不衰的经典剧目考虑，现有的大约160分钟演出时长可缩减到120至140分钟。最后，姜静珍的骂人话语数量较多且过于粗鄙，可在不影响其性格完整性前提下有所删减。

顺便说，当北京正在为建成全国文化中心城市和国际交往城市而奋力探索之际，这部话剧的出现或许还有着一种特别的意义：由北京的话剧表演团队改编和演出的由北京出生作家所讲述的自己家族的现代北京生活故事，可以在一定程度上反映当代北京人对过去生活的美学反思，并且通过这种反思而集中展现当代北京人的跨文化精神肖像。如果说，话剧《茶馆》的典型性意义在于揭示旧北京衰败的必然性，那么，话剧《活动变人形》的典型性意义在于透视出新老北京变迁的心灵史。假如这部话剧能够更加精益求精地反复打磨和提升，想必在不久的将来有望跃升成为新时代北京的一张名副其实的“文化名片”。

学出版社，2014年，第1页。

后 记

这本小书是在新冠肺炎疫情期间完成的。此前陆续写的《跨文化艺术美学》和《中国艺术心灵》两本小书，都承蒙金丝燕教授和董晓萍教授约写，并纳入她们联袂主编的“跨文化研究”丛书。这本小书同样来自她们的共同美意，说是让几位中外学者各写一本“跨文化学导论”，还要先写一篇论文在乐黛云先生主编的《跨文化对话》上刊用。去冬董晓萍教授来电说起时，我还真有点怀疑自己是否能写，虽然这几年受邀参与她们的跨文化研究项目而有些微进益，但毕竟不够。12 月 30 日下午参加过跨文化研究院理事会后，在京师大厦自助餐厅就餐时，同金丝燕教授、董晓萍教授、王邦维教授、李正荣教授继续聊起跨文化学导论话题，脑海里也不时回放出刚才会上王宁先生、程正民先生、陈越光先生和李国英先生等的发言，两位主编信心满满，自己心中某个地方也似乎被触动了，有了一试的念头。

工作开始不久，新冠肺炎疫情突发，我和家人都响应号召，寒假宅家不外出添乱，开学后又根据学校安排利用云课堂教课、指导研究生。如此持续身处这场全球共同经历的特大疫情境遇中，每日封闭家中，只能从电视和网络上关注疫情播报、中外抗疫画面，再有就是通过微信同外界保持双向联系，同时还目睹一道道空前激烈的意识形态大撕裂在新媒体社群、“饭圈”中发生、弥漫和向纵深延伸。于是，一幅幅零散而又相关的异常灾难及异文化图景，与剪不断理还乱的异常纷纭的思绪，居然逐渐聚拢起来，使得我在五年前写《艺术公赏力：艺术公共性研究》结语时有关“美美异和”之“异”的思考，同此时跨文化学的跨“异”思维之间总算找到了联系，亮出一条通向跨文化学导论的门径：当此世纪性全球非常态大灾难爆发之际，岂不更需跨文化学思维去应对？而疫情期间几乎可以整日宅家的特异生活方式，也终于使我获得了近十多年一直未遇的异常难得的专心思考、阅读和写作的整块时间。于是就有了这本《跨文化学的要素》。

疫情期间同延期赴欧合作研究的董晓萍教授有多次微信和通话讨论。与一直宅家读书和研究的刘恪教授也有微信沟通。刘彦顺教授在图书资料方面给予帮助。冯雪峰博士和博士生韩思琪等也代查资料。百余日来，内子金英把我列为“重点保护”对象，自己承担烦琐的家务，激励整日幽闭中的全家人，其心其情可感可佩，否则哪会有写此书的小环境和心境？

在此，特向两位主编、师长、友人和家人致以真诚的感谢。

今天是“五一”，仍旧继续宅家，从电视、网络、微信上分享全国各地游客走出封闭而重获自由的轻快和喜悦。我知这自由来之不易，愿向所有为这场疫情防控作出贡献甚至牺牲的各行各业英雄和普通劳动者，表达深深的谢意和敬意！

在本书交由出版社编校过程中，承蒙北京文艺评论家协会赖洪波秘书长安排，观赏到新上演话剧《活动变人形》，感到该剧是跨文化学研究上一个不可多得的恰当案例，有助于呈现跨文化学及其要素的“落地”可能性，因此补写出一则评论，承蒙丛书主编金丝燕教授和董晓萍教授惠允而作为本书“余论”加入。该评论在写作过程中得到《活动变人形》小说原著作家王蒙先生本人指点，深感荣幸；又承蒙《中国文艺评论》杂志徐粤春主编、杨晓雪副主编和陶璐编辑惠允在该刊先期发表。谨向以上师长、同行和相关专家致谢。

我还要感谢中国大百科全书出版社领导的支持和程园编辑的细心编校。

2020年5月1日记于北京家中，5月9日再改，

2021年12月18日补记

附录

“跨文化研究”丛书出版书目 [1]

1 乐黛云《跨文化方法论初探》，中国大百科全书出版社，2016。

2 [法]汪德迈（Léon Vandermeersch）《中国文化思想研究》，中国大百科全书出版社，2016。

3 [法]金丝燕、[法]法宝（Dhammaratana Tampalawela）《佛经汉译之路：〈长阿含·大本经〉对勘研究》，北京大学出版社，2016。

4 [法]金丝燕《文化转场：中国与他者》，中国大百科全书出版社，2016。

5 程正民《跨文化研究与巴赫金诗学》，中国大百科全书出版社，2016。

6 董晓萍《跨文化民间文艺学》，中国大百科全书出版社，2016。

---

[1] “跨文化研究”丛书是教育部人文社会科学重点研究基地重大项目“跨文化视野下的汉语、汉字与民俗文化研究”的综合性研究成果，[法]金丝燕、董晓萍主编，国内出版社加盟出版的有：中国大百科全书出版社、北京大学出版社、商务印书馆、中国人民大学出版社、中国社会科学出版社、北京师范大学出版社、文化艺术出版社和上海大学出版社。法国出版社同步出版的有：Paris:Éditions You Feng Libraire & Éditeur 与 Paris：Nuvis，乐黛云、[法]金丝燕、董晓萍主编。

7 [法]劳格文(John Lagerwey)华南民俗志》，中国大百科全书出版社，2016。
8 王邦维《跨文化的想象：文献、神话与历史》，中国大百科全书出版社，2017。
9 王一川《跨文化艺术美学》，中国大百科全书出版社，2017。
10 董晓萍《跨文化民俗学》，中国大百科全书出版社，2017。
11 董晓萍《跨文化民俗志》，中国大百科全书出版社，2017。
12 董晓萍《钟敬文与中国民俗学派》，中国社会科学出版社，2017。
13 [爱沙尼亚]于鲁·瓦尔克(Ülo Valk)《信仰·体裁·社会》，董晓萍译，中国大百科全书出版社，2017。
14 [法]劳格文(John Lagerwey)、谭伟伦主编《(一)闽西客家社会——长汀》，中国人民大学出版社，2017。
15 [法]劳格文(John Lagerwey)、谭伟伦主编《(二)闽西客家社会——宁化》，中国人民大学出版社，2017。
16 [法]劳格文(John Lagerwey)、谭伟伦主编《(三)与非客的社会》，中国人民大学出版社，2017。
17 [法]劳格文(John Lagerwey)、谭伟伦主编《(四)粤东粤北社会》，中国人民大学出版社，2017。
18 [法]汪德迈(Léon Vandermeersch)《中国思想的两种理性：占卜与表意》，[法]金丝燕译，北京大学出版社，2017。
19 王宁《汉字六论》，中国大

百科全书出版社，2017。
20 [法]汪德迈（Léon Vandermeersch）、金丝燕编著《古文言读本》（法文版），Paris：Éditions You Feng Libraire & Éditeur，2017。
21 [法]金丝燕等译《药师琉璃光七佛本愿功德经》（法文版），Paris：Éditions You Feng Libraire & Éditeur，2017。
22 董晓萍《中国经典故事》（法文版），Paris：Nuvis，2017。
23 [德]艾伯华（Wolfram Eberhard）《中国民间故事类型》（修订版），王燕生、周祖生译，刘魁立审校，董晓萍校注，商务印书馆，2017，2018。
24 [法]汪德迈（Léon Vandermeersch）《跨文化中国学》，中国大百科全书出版社，2018。
25 乐黛云、陈越光主编《全球视野下的中国文化本位》，中国人民大学出版社，2018。
26 乐黛云、陈越光主编《全球治理、国家治理和社会治理》，中国人民大学出版社，2018。
27 [法]金丝燕主编《中国当代艺术》（法文版），Paris Nuvis，2018。
28 [法]白乐桑（Jöel Belensan）《跨文化汉语教育学》，中国大百科全书出版社，2018。
29 [英]白馥兰（Francesca Bray）《跨文化中国农学》，董晓萍译，中国大百科全书出版社，2018。
30 董晓萍《跨文化民俗体裁学》，中国大百科全书出版社，2018。

31 王宁《跨文化汉字学》，Paris : Éditions You Feng Libraire & Éditeur，2018。

32 程正民《巴赫金诗学》，Paris : Éditions You Feng Libraire & Éditeur，2018。

33 程正民《巴赫金的诗学》，程正民主编，中国社会科学出版社，2019。

34 王志耕《俄罗斯社会学诗学》，程正民主编，中国社会科学出版社，2019。

35 张冰《俄罗斯形式主义诗学》，程正民主编，中国社会科学出版社，2019。

36 贾放《普罗普的故事诗学》，程正民主编，中国社会科学出版社，2019。

37 马晓辉《俄罗斯历史诗学》，程正民主编，中国社会科学出版社，2019。

38 张冰《洛特曼的结构诗学》，程正民主编，中国社会科学出版社，2019。

39 钟敬文《钟敬文全集》第1册，董晓萍编《总目》，高等教育出版社，2018。

40 钟敬文《钟敬文全集》第2册，连树声编《中国民俗学派》，高等教育出版社，2018。

41 钟敬文《钟敬文全集》第3册，钟敬文主编、许钰、董晓萍副主编《民俗学概论》，高等教育出版社，2018。

42 钟敬文《钟敬文全集》第4册，董晓萍编《歌谣学/故事学》，高等教育出版社，2018。

43 钟敬文《钟敬文全集》第5册，董晓萍编《神话传说学/谚语与谜语/民族民间文学》，高等教育出版社，2018。

44 钟敬文《钟敬文全集》第

6册，董晓萍、刘铁梁编《民间文艺新论集/民间诗歌与文人诗/歌谣史与诗歌史》，高等教育出版社，2018。

45 钟敬文《钟敬文全集》第7册，董晓萍编《民间文学（香港版）/人民口头创作》，高等教育出版社，2018。

46 钟敬文《钟敬文全集》第8册，钟敬文主编《民间文学概论》，高等教育出版社，2018。

47 钟敬文《钟敬文全集》第9册，陈子艾编《民俗文化学与文化史》，高等教育出版社，2018。

48 钟敬文《钟敬文全集》第10册，董晓萍整理《民俗文化学个案研究：女娲考/〈水浒传〉专书研究》，高等教育出版社，2018。

49 钟敬文《钟敬文全集》第11册，王宁整理《民间文化传承学卷（第一册）/国学与外来学说》，高等教育出版社，2018。

50 钟敬文《钟敬文全集》第12册，王宁整理《民间文化传承学卷（第二册）/民间宗教与民间口头传承研究》，高等教育出版社，2018。

51 钟敬文《钟敬文全集》第13册，萧放编《历史民俗学》，高等教育出版社，2018。

52 钟敬文《钟敬文全集》第14册，杨利慧编《民间艺术学》，高等教育出版社，2018。

53 钟敬文《钟敬文全集》第15册，万建中编《民俗教育学》，高等教育出版社，2018。

54 钟敬文《钟敬文全集》第16册，程正民编《文艺学》，高等教育出版社，2018。
55 钟敬文《钟敬文全集》第17册，张恩和编《鲁迅研究文存（第一册）/关于鲁迅的论考与回想》，高等教育出版社，2018。
56 钟敬文《钟敬文全集》第18册，张恩和编《鲁迅研究文存（第二册）/鲁迅研究札记与译著》，高等教育出版社，2018。
57 钟敬文《钟敬文全集》第19册，何乃英编《国际交流卷》，高等教育出版社，2018。
58 钟敬文《钟敬文全集》第20册，童庆炳编《散文卷（第一册）/五四以来散文创作与抗战报告文学》，高等教育出版社，2018。
59 钟敬文《钟敬文全集》第21册，童庆炳编《散文卷（第二册）/现代散文与创作论》，高等教育出版社，2018。
60 钟敬文《钟敬文全集》第22册，董晓萍、康丽编《诗歌概论/诗歌通论/诗词格律要略》，高等教育出版社，2018。
61 钟敬文《钟敬文全集》第23册，胡友鸣编《考证〈白香词谱〉》，高等教育出版社，2018。
62 钟敬文《钟敬文全集》第24册，赵仁珪编《诗词总集》，高等教育出版社，2018。
63 钟敬文《钟敬文全集》第25册，赵仁珪、钟宜编《诗词补集》，高等教育出版社，2018。
64 钟敬文《钟敬文全集》第

26册，宫苏艺编《报刊文章》，高等教育出版社，2018。
65 钟敬文《钟敬文全集》第27册，秦永龙、董晓萍编《学术书信卷》，高等教育出版社，2018。
66 钟敬文《钟敬文全集》第28册，史玲玲、朱霞、赖彦斌、赵娜编《钟敬文与北师大民俗学史（1949–2013年）》，高等教育出版社，2018。
67 钟敬文《钟敬文全集》第29册，董晓萍、赖彦斌、赵娜编《钟敬文录像图文卷》，高等教育出版社，2018。
68 钟敬文《钟敬文全集》第30册，钟少华、钟宜、曹文瀚编《图片手迹》，高等教育出版社，2018。
69 董晓萍《文献与口头》，上海大学出版社，2019。
70 [法]金丝燕《文化转场：法国早期汉学视野研究》，中国大百科全书出版社，2019。
71 董晓萍《跨文化技术民俗学》，中国大百科全书出版社，2019。
72 董晓萍《跨文化民间叙事学》，中国大百科全书出版社，2019。
73 王一川《中国艺术心灵》，中国大百科全书出版社，2019。
74 李国英《〈说文解字〉研究四题》，中国大百科全书出版社，2019。
75 韩琦《康熙皇帝·耶稣会士·科学传播》，中国大百科全书出版社，2019。
76 [法]罗栖霞（Julie Lechemin）《法国国家图书馆：汉学图书的跨文化典藏》，中国大百科全书出版社，2019。

77 刘宁《跨文化俄苏文学访谈录》，李正荣整理，中国大百科全书出版社，2019。

78 [爱沙尼亚]于鲁·瓦尔克（Ülo Valk）《信仰故事学》，董晓萍译，中国大百科全书出版社，2019。

79 董晓萍《国家·历史·民俗》，中国大百科全书出版社，2019。

80 [法]汪德迈（Léon Vandermeersch）《中国教给我们什么》，[法]金丝燕译，中文繁体版，香港中文大学出版社，2019。

81 陈越光《谦卑》，中国大百科全书出版社，2019。

82 [法]冉刻（Léon Vandermeersch）《谦卑》，金丝燕译，中国大百科全书出版社，2019。

83 [法]金丝燕《读》，中国大百科全书出版社，2019。

84 [法]约翰–弗朗索瓦·塞纳（Jean-François Sené）《读》，赵宗红译，中国大百科全书出版社，2019。

85 [法] Danielle Marcoin trans. Folk Sayings on Cigarette Boxes《烟盒上的谚语》，法文版，Paris：Editions Nuvis，2019。

86 [法]汪德迈（Léon Vandermeersch）《中国教给我们什么》，[法]金丝燕译，中文简体版，中国大百科全书出版社，2020。

87 [法]汪德迈（Léon Vandermeersch）《中国思想的两种理性》，[法]金丝燕译，中文简体版，中国大百科全书出版社，2020。

88 [法]汪德迈（Léon Vandermeersch）《跨文化中国学》（上），中国大百科全书出版社，2020。

89 [法]汪德迈（Léon Vandermeersch）《跨文化中国学》（下），中国大百科全书出版社，2020。

90 [法]汪德迈（Léon Vandermeersch）《新汉文化圈》，陈彦译，中国大百科全书出版社，2022。

91 陈越光、董晓萍、金丝燕编《跨文化的星辰——汪德迈》，中国大百科全书出版社，2022。

92 [法]汪德迈（Léon Vandermeersch）《中国文学的独特起源》，金丝燕译，中国大百科全书出版社，即出。

93 [法]汪德迈（Léon Vandermeersch）《中国礼制社会》（上），中国大百科全书出版社，即出。

94 [法]汪德迈（Léon Vandermeersch）《中国礼制社会》（中），中国大百科全书出版社，即出。

95 [法]汪德迈（Léon Vandermeersch）《中国礼制社会》（下），中国大百科全书出版社，即出。

96 [法]汪德迈（Léon Vandermeersch）金丝燕《古文言读本》（第一册），中文版，Paris : Éditions You Feng Libraire & Éditeur, 2020。

97 [法]金丝燕、路士栋、[法]法宝（Dhammaratana Tampalawela）译，《长阿含·闍尼沙经》，中法双语，Paris : Éditions You Feng Libraire & Éditeur, 2020。

98 [法]金丝燕、[法]法宝（Dhammaratana Tampalawela）《佛经汉译之路：

〈长阿含·闍尼沙经〉对勘研究—中古汉土的期待视野》，中文版，Paris : Éditions You Feng Libraire & Éditeur，2020。

99 [俄]契切罗夫《俄罗斯人民口头创作》，连树声译，中文版，Paris : Éditions You Feng Libraire & Éditeur，2020。

100 [法]金丝燕等译（JIN Siyan，Robert Lechemin，Tmpalawela Dhammaratana）《典尊经》Soutra du Grand Exemplaire Vénérable，Traduit et annoté par，中法双语版，Paris : Éditions You Feng Libraire & Éditeur，2020。

101 [法]金丝燕、董晓萍主编 Transfert culture : Textes，arts，langues et cultures，sous la direction de Jin Siyan et Dong Xiaoping（《文化转场：文本、艺术、语言与文化—联合国教科文国际会议论文集》），英文版，Paris : Éditions You Feng Libraire & Éditeur，2020。

102 董晓萍《田野民俗志》（第三版），北京师范大学出版社，2020。

103 乐黛云、陈越光主编《跨文化学研究的理论与方法》，中国人民大学出版社，2021。

104 [法]金丝燕《诗学的悖论》，中国大百科全书出版社，2022。

105 董晓萍《跨文化学的文化批评》，中国大百科全书出版社，2022。

106 王一川《跨文化学的要素》，中国大百科全书出版社，2022。

107 [法]皮埃尔-西尔万·佛辽若(Pierre-Sylvain Filliozat)《法国的印度学》，赵悠译，中国大百科全书出版社，2022。

108 [英]白馥兰(Fransesca Bray)《技术作为一种文化—跨文化研究的一种尝试》，董晓萍译，中国大百科全书出版社，2022。

109 程正民《跨文化诗学——以俄罗斯诗学为例》，中国大百科全书出版社，2022。

110 [比]巴得胜(Bart Dessein)《跨文化学的研究范式》，董晓萍译，中国大百科全书出版社，2022。

111 [法]米歇尔·冉刻(Michel Zink)《游吟诗人》，[法]王以培译，中国大百科全书出版社，2022。

112 [美]傅罗格(Frog)《跨文化的芬兰学派》，董晓萍译，中国大百科全书出版社，2022。

113 [法]米歇尔·西班牙(Michel Espagne)《跨文化的文化转场》，董晓萍译，中国大百科全书出版社，2022。

114 [日]内田庆市《文化交涉学十六讲》，中国大百科全书出版社，2023。

115 [法]冉刻(Michel Zink)《中世纪文学研究》，[法]金丝燕译，中国大百科全书出版社，2022。

116 董晓萍等《非常跨文化对谈录》，中国社会科学出版社，2022。